Georg Wimmer

Prolegomena

zu einer kritischen Bearbeitung von Li Tornoiemenz Antecrit von Huon de Mery

Georg Wimmer

Prolegomena

zu einer kritischen Bearbeitung von Li Tornoiemenz Antecrit von Huon de Mery

ISBN/EAN: 9783743453241

Hergestellt in Europa, USA, Kanada, Australien, Japan

Cover: Foto ©Thomas Meinert / pixelio.de

Manufactured and distributed by brebook publishing software
(www.brebook.com)

Georg Wimmer

Prolegomena

Prolegomena zu einer kritischen Bearbeitung

von

Li Tornoiemenz Antecrit

von

Huon de Mery.

INAUGURAL-DISSERTATION

zur

Erlangung der Doctorwürde

bei der

hohen philosophischen Facultät der Universität Marburg

eingereicht von

Georg Wimmer.

Marburg.
Universitäts-Buchdruckerei (R. Friedrich).
1886.

Seinem hochverehrten Lehrer,

dem Herrn

Professor Dr. Edmund Stengel

in dankbarer Erinnerung

gewidmet

vom Verfasser.

Das Gedicht des Huon de Mery ist schon einmal veröffentlicht worden von P. Tarbé, Reims 1851, wie er selbst angiebt, in 250 Exemplaren. Diese Ausgabe ist jetzt längst vergriffen. Der Versuch einer neuen, den heutigen Anforderungen der Wissenschaft besser genügenden Ausgabe dürfte daher berechtigt erscheinen.

Durch Herrn Prof. Dr. E. Stengel auf das Gedicht aufmerksam gemacht, benutzte ich die Gelegenheit eines längeren Aufenthalts im Auslande, diejenigen Hss. des Huon de Mery zu copiren, welche sich nach E. Stengel: »Mittheilungen aus frz. Hss. der Turiner Universitäts-Bibl.« p. 8 in Paris, London und Oxford befinden.

Die Hss. und Literatur über das Gedicht.

Da die Hss. des Torn. Ant. meines Wissens bisher noch nicht durch Siegel fixirt worden sind, so habe ich dieselben folgendermassen bezeichnet:

A = Paris: F. fr. Nr. 1593 (früher 7615) in Fol., Bl. 186r bis 207 v; jede Seite enthält 2 Spalten, die Spalte zu 42 Zeilen, mit Ausnahme der letzten beiden Blätter, welche einige Zeilen weniger haben. Die Hs. ist wahrscheinlich von einem Centralfranzosen geschrieben; die wenigen dialektischen Formen sind wohl auf Rechnung der Vorlage von A zu schieben. Die Hs. stammt aus der 2. Hälfte des 13. Jahrh.[1]) Die Anfangsbuchstaben am Beginne der Abschnitte fehlen.

---

[1]) Auf dem ersten Bl. der Hs. finden sich am oberen Rande folgende Notizen von unbekannter Hand eingetragen: »Ce Ms. a apartenu au President Fauchet qui en a extrait beaucoup de choses dans son Recueil de l'origine de la langue T. 22 et poëfie Françoife. — Voyez ce qu'il a ecrit au bas de la première page de ce Ms. Les notes marginales sont aussi de sa main.« — Am Fusse der Seite: »Le Copiste me semble avoir

B = Paris F. fr. Nr. 12469 (Supl. fr. 540¹), in Fol., beruht auf einer ziemlich stark überarbeiteten Vorlage und scheint nicht über die Mitte des 14. Jahrh. zurückzugehen.

C = Paris F. fr. 24,432 (N. D. 198); in Fol., 443 gezählte Blätter, Bl. 183 r.—199 v. Zwischen Bl. 198 und 199 befinden sich 7 ungezählte Blätter; Blatt 14—15 und 190—191 (Vers 1565—1992 unseres Gedichtes) fehlen und scheinen später herausgeschnitten zu sein. Die Hs. ist von 2 oder 3 verschiedenen Schreibern verfasst und kann nicht vor etwa der Mitte des 14. Jahrh. entstanden sein.¹)

D = Paris F. fr. 25,407 (N. D. 277); in Fol., Bl. 213 r.—244 v.; 2 Spalten, zu 28 Zeilen; 2. Hälfte des 13. Jahrh. Zeigt vielfach normannische Formen.

E = Paris F. fr. Nr. 25,566 (La V. 81, alt 2736); die Formen zeigen, dass diese Hs. von einem pikardischen Schreiber herrührt.²)

L = Nr. 4417 Harl. London; in Fol., Bl. 142 r.—170 v.; zeigt sehr verwilderte Formen und dürfte von einem Anglo-Normannen gegen das Ende des 14. oder den Anfang des 15. Jahrh. geschrieben worden sein.³)

O = Nr. 308 Douce, Oxford. Bl. 250 r.—283 v. Rührt von einem anglo-normannischen Schreiber her und ist teilweise ganz umgearbeitet und erweitert.⁴)

écrit à Paris. Les formes qu'il emploie, surtout dans les Fables de Marie de France sont les plus raprochées de celles qui ont prevalu.« — A und C sind auch von A. Kressner für seine Ausgabe des Rutebuef, Wolfenbüttel 1885, benutzt worden.

1) Die Hs. enthält mehrere schätzenswerte Daten. Die jüngste Jahreszahl, welche sich darin vorfand, befindet sich Fol. XVII in dem Gedichte: »La chace aus mesdisans«, Vers 12 ff.:
En lan de la natiuité
Noftre feingneur Mil *et* trois cens
Et trentehuit .i. pou penfans
Tout feul fus mon cheual aloie.
Das Gedicht ist also nicht vor 1338 verfasst worden.

2) Die Hs. ist genau beschrieben in dem »Catalogue de feu M. le Duc de la Vallière. Première Partie. Par Guillaume de Bure fils aîné. Paris 1783. T. II. S. 226—242. Näheres darüber auch bei A. Tobler: »Li Dis Dou Vrai Aniel«, Einl. p. I—X.

3) Vergleiche darüber: H. L. D. Ward, »Catalogue of Romances in the Department of Manuscripts in the British Museum«, p. 908.

4) Die überarbeiteten Partien sind in der Varia lectio ausgezogen worden.

Ausser diesen Hss. konnten für die Reconstruction des Textes noch benutzt werden:
1) Citate, welche A. Duval in der Hist. Lit. de la France, B. XVIII, p. 800 ff., mitteilt und die höchst wahrscheinlich Auszüge aus der Hs. Nr. 218 (Bibl. Roy.?) sind.[1]) Es sind dies die folgenden Verse: 22—26, 27—31, 46—47, 95—101, 159—161, 398—413, 651—652, 1291—1294, 1354—1356, 1440—1443, 2559—2581, 2585—2587, 2962—2971, 3518 bis 3521, 3526—3544. Die Varianten aus diesen Bruchstücken sind mit G bezeichnet worden.
2) Auszüge aus der Turiner Hs. Nr. 134 (LV 32, alt g I 19 f. 2), von Aug. Scheler: Notice et Extraits de deux Mss. fr. de la Bibl. Royale de Turin, Bruxelles 1867, S. 67 f.[2]) Es sind dies die Verse 1—3 und 3526—3544. Die Bruchstücke zeigen einige unfranzösische Schreibweisen; die Varianten sind mit T bezeichnet.
3) Auszüge aus der Wiener Hs. Nr. 2602, mitgeteilt von F. Wolf in den Denkschr. der Wiener Acad., B. 14, S. 133 ff. Es sind dies folgende Verse: 1847—1848, 1994—1999, 3526—3544. Die Varianten sind mit W bezeichnet.
4) Auszüge aus der Stockholmer Hs. LIII Nr. 108 in G. Stephens' Förteckning öfver de förnämsta brittiska och fransyska handskrifterna uti kongl. bibl. i Stockholm. Stockholm 1857, S. 177 f. Es sind Z. 1—4 und 3525 bis Schluss.[3]) Die Varianten sind mit S bezeichnet.

Ausserdem soll noch die Vatican. Hs. 1361[4]) unseren Text enthalten.

Tarbé's Text beruht auf der Hs. D mit Zuhilfenahme von E; im Anhange giebt Tarbé abweichende Lesarten aus E[5]).

---

1) Duval zitirt nur zwei Pariser Hss., nämlich Nr. 7615 (= A) und Nr. 218. Die ausgezogenen Zitate gehören aber einer von A durchaus verschiedenen überarbeiteten Redaction an. Welche Nummer diese Hs. jetzt trägt, weiss ich nicht anzugeben. Sollte die Hs. etwa mit der Stockholmer übereinstimmen? Vgl. Anm. 5.

2) Die Hs. ist identisch mit derjenigen, welche von Tarbé, a. a. O. p. XVII, Anm. 1, mit Bibl. du roi de Sardaigne Nr. 9, von A. Duval, a. a. O. p. 806, mit Bibl. du roi de Sard. (Nr. G, 1, 19) bezeichnet worden ist.

3) Die enge Berührung von S mit G lässt fast vermuthen, dass beide Hss. identisch sind. Einige Varianten sind aber doch vorhanden, die einer solchen Annahme entgegenstehen.

4) Diese Hs. scheint abhanden gekommen zu sein, wenigstens bemerkt A. Keller (A. Keller, Romwart p. 178), dass die Hs., nach der er wiederholt fragte, sich nicht vorfand.

5) Tobler, a. a. O., Einl. p. V, giebt an, Tarbé habe nach der Hs. Nr. 1239 (jetzt Nr. 19,152) f. de St.-Germain-des-Prés gearbeitet. Die An-

Die Form der Worte ist von Tarbé willkürlich geändert worden. Zuweilen nimmt er Lesarten in den Text aus E herüber, ohne dies in den beigefügten Varianten zu bemerken. An einzelnen Stellen hat er willkürlich geändert, so z. B. Vers 2257, 3055, 3072, 3075, 3121, 3136, 3160, 3322, 3402, 3481. Sonst ist Tarbé's Ausgabe mit grossem Eifer und Fleiss gearbeitet, namentlich sind die literarhistorischen Notizen eine sehr dankenswerte Beigabe. Sein Verständniss für den Dichter ist bedeutend gründlicher als das von A. Duval in der sehr oberflächlichen Kritik in der Hist. lit. In der Varia lectio ist der Tarbé'sche Text mit F bezeichnet, aber nur dann angegeben, wenn derselbe von D und E abweicht.

Huon de Mery's Werk wurde im Mittelalter, wie schon aus den zahlreichen noch vorhandenen Hss. hervorgeht, viel gelesen und stand in hohem Ansehen. Der tief religiöse und moralisch-ethische Inhalt des Gedichtes, gewürzt von beissender Satyre gegen die Häretiker, ein feiner, spielender Humor, der das ganze Werk belebt, die überall durchschimmernde Individualität des Dichters waren es, welche dem Werke die besondere Gunst des Publikums erwarben und, wie es scheint, mehrere Jahrhunderte hindurch zu erhalten wussten. Noch im Jahre 1529 empfiehlt Geoffroy de Tory in seinem Champ fleury[1]) neben den Werken des Chrestien de Troyes und des Raoul de Houdan als Lectüre auch das Gedicht des Huon de Mery.

In neuerer Zeit ist dann das Werk häufiger citirt worden, aber meistens nicht um des Dichters selbst willen, sondern zur Verherrlichung seiner Vorgänger, des Chrestien de Troyes und Raoul de Houdenc, deren Verdienste der Dichter neidlos besingt[2]).

Eine Inhalts-Analyse dürfte hier um so eher überflüssig erscheinen, als dieselbe schon von Tarbé in der Einleitung zu seiner Ausgabe p. XI—XVI und in sehr ausführlicher Weise von M. Grebel in seiner Dissertation[3]) gegeben worden ist[4]).

---

gabe beruht wohl auf einem Versehen Tobler's (cf. Tarbé p. 164 Anm.), da die Hs., wie deren Beschreibung in der Einl. zu Partonopeus v. Crapelet und eine mir selbst vorliegende, welche Dr. O. Klein anzufertigen die Güte hatte, ergeben, unsern Text gar nicht aufweist.

1) Le Champ, Fleury, Paris 1529; Auszüge daraus bei F. Genin: »L'éclaircissement de la langue française par Jean Palsgrave«, p. 9. Paris 1852. — Auch Henry Estienne erwähnt des Dichters in rühmender Weise in seinem »Traité de la précellence du language français«, p 154, Paris 1579.

2) La Curne de Sainte-Palaye giebt in seinem Lexikon häufigere Citate aus der Hs. A. — Vergleiche hier auch Max Grebel: »Le Torn.

Verhältniss der Hss. zu einander.

Keine der benutzten Hss. ist direkt oder indirekt aus einer der andern geflossen, da eine jede ganz individuelle Fehler und Eigentümlichkeiten zeigt, welche sich in keiner der übrigen Hss. wieder vorfinden.

Das sicherste Mittel, die Verwandtschaft der Hss. unter einander zu bestimmen, dürfte wohl das gemeinsame Vorhandensein von augenscheinlichen Interpolationen sein. Ein nicht ganz so sicheres, weil dem Zufalle und subjectiven Deutungen der Kritiker ausgesetztes, ist das gemeinsame Fehlen von einzelnen oder mehreren Zeilen, gemeinsame Umstellung von einzelnen Verspaaren oder von grösseren Partien, gemeinsame Abweichungen oder direkte Fehler gegen die durch die Hss.-Vergleichung als die ursprüngliche sich erweisende Lesart, sowie gleiche Einteilung des Werkes in bestimmte Abschnitte, Übereinstimmung in der Anzahl von Zeilen in jeder Spalte und Ähnliches.

1) A und D führen auf eine gemeinsame, schon überarbeitete Vorlage zurück. In beiden Hss. fehlen die Verse 745 bis 746, welche zum Verständnisse der voraufgehenden und nachfolgenden Verse notwendig sind. [In C fehlen die Verse 723—760, O hat die Verse 659—898 einer gründlichen Umarbeitung unterzogen, während die übrigen Hss. B E L in der Überlieferung derselben übeinstimmen.] Interessant ist ferner der Vers 2456, welcher offenbar in der A und D gemeinsamen Vorlage gefehlt hat: in D fehlt er, während A das Fehlen am Reime gemerkt und dafür einen Vers interpolirt hat, der von der gemeinsamen Überlieferung der anderen Hss. völlig abweicht. Gegen alle übrigen Hss. umgestellt sind die Verse 102 vor 101, 2010 vor 2009. Gegen alle übrigen Hss. zeigen A und D sehr zahlreiche gemeinsame Abweichungen, so in Vers 12, 25, 48, 65, 82, 91, 135, 194, 199 etc. etc. Doch kann weder A aus D, noch umgekehrt D aus A geflossen sein, da jede der beiden Hss. auch ganz individuelle Fehler und Abweichungen zeigt. Nur in D fehlen die Verse 2144—2149, nur in A die Verse 662, 900, 2764, 2801—2802, 2898, 2925—2927, 3204. A zeigt mehr Abweichungen vom usrprünglichen Texte als D; trotzdem zeigt D sowohl an der Form der Schriftzeichen als auch der Worte,

---

Ant. par Buon de Mery in seiner literarhistorischen Bedeutung«, Inaugural-Dissertation, p. 7 ff., Leipzig 1883; Tarbé a. a. O. Eileitung p. XVII.

3) M. Grebel a. a. O. p. 10—44.

4) Auch die Frage nach den Vorbildern, denen Huon de Mery gefolgt ist, ist von Grebel einer eingehenden Untersuchung unterzogen worden. Vergleiche darüber p. 53—98 seiner Dissertation.

dass es später als A geschrieben worden ist. So hat D z. B. schon häufig den Hiat im Inlaute durch Contraction getilgt und dadurch das Metrum zerstört. Vers 26, 2047, 2988 *torneiment*, 1339 *tornement*, 586 *memes*, 1216 *derrain* und ähnliches mehr; oder es unterdrückt das tonlose *e* zwischen Consonanten, so z. B. 879 *publican* (für *popelican*); 923, 932, 948, 954, 2140 *larcin*, 1121 *sermens*, 2105 *debonairte*, 2411 *menestrel*; doch könnten diese Contractionen im Normannischen früher, als im Centralfranzösischen aufgetreten sein.

2) B und G sind aus derselben Vorlage geflossen, welche schon eine bedeutende Überarbeitung des ursprünglichen Textes vorgenommen haben muss und sich namentlich durch Interpolation von einzelnen Verspaaren ausgezeichnet hat. B hat nach 1294 7 Verse interpolirt, von denen die ersten 3 sich auch in einem der von A. Duval zitirten Bruchstücke befinden; das Citat aus G bricht mit diesen 3 Versen ab. Sonst hat B gerade in den Versen, mit denen G verglichen werden konnte, keine weiteren Interpolationen. Gemeinsame Abweichungen im Gegensatz zu allen übrigen Hss. finden sich zahlreich: Vers 46, 159, 398, 410, 1292, 1441, 2564, 2568. Doch kann weder B aus G, noch B aus G geflossen sein: B weicht allein aus in Vers 2971; Vers 3534 fehlt nur in B; G weicht allein aus in Vers 2572, 2575, 2586, 3528, 3531.

3) Ebenso haben E und L aus einer stark überarbeiteten Vorlage geschöpft. Nur E und L gemeinsame Interpolationen finden sich nach Vers 328 4 Zeilen, nach 2118 4 Zeilen, nach 2480 2 Zeilen. Es fehlen in beiden Hss. die Verse 817—821, 1967—1988, 2030, 2125—2134, 2267, 2436—2550. Gemeinsame Umstellungen: Vers 74 steht in beiden Hss. vor Vers 73, 176 vor 175, 1960 vor 1959, 1970 vor 1969, 2532 vor 2531, 2876 vor 2875. Dieselbe enge Verwandtschaft zeigen die Varianten, welche die beiden Hss. von allen übrigen abheben: Vers 81, 85, 89, 91, 105, 106, 112, 120, 130, 139, 141 etc. etc. Doch kann weder E aus L, noch L aus E geflossen sein; so fehlen, um nur eins anzuführen, in E allein die Verse 816, 2299, 2385; in L allein die Verse 78, 80, 144, 446, 514, 584, 621, 647, 664, 712, 1454, 1494, 1595, 1676, 1688, 1693, 1720, 1758, 1802, 1804, 1962, 2036, 2062, 2143, 2382, 2609, 3106, 3290, 3426.

4) B (G) und EL führen mittelbar auf dieselbe Vorlage zurück. Vers 401—402 fehlen in allen 4 Hss.; wohl nur auf einem Zufalle beruht das Fehlen von 2182 in B und L. Ferner haben BEL umgestellt den Vers 896 vor 895; diesen Hss. gemeinsame wesentlichere Varianten finden sich in Vers 1353, 2654, 2702, 2703, 2775, 2827, 2875, 2894, 2966, 3126, 3135.

5) C steht der Redaction von B (G) am nächsten. Nur in diesen beiden Hss. fehlen die Verse 10 und 3522. B und C gemeinsame erheblichere Abweichungen von den Lesarten der übrigen Hss. finden sich in Vers 578, 2374, 2738, 2749, 2982, 3091, 3160, 3190. Allen vier Hss. BCEL gemeinsame Abweichungen finden sich in Vers 2651, 2709, 2743, 2804 (B fehlt), 3125. Nur in C und L fehlen die Verse 1454 und 2192; da sonst C mit L nicht zusammengeht, so kann das Fehlen dieser beiden Zeilen, besonders da in C sowohl, als auch in L einzelne Zeilen vom Copisten häufiger übersprungen werden, nur auf einem Zufalle beruhen. Es fehlen nur in C die Verse 88, 110, 364, 552, 595—596, 721—760, 871—896, 954, 998—1000, 1053—1072, 1074, 1435—1438, 1454, 1523—1524, 1566—1992 (es sind 2 Bl. aus der Hs. herausgeschnitten), 2151—2167, 2161, 2173—2174, 2426—2427, 2927—2928, 3000, 3243—3363.

6) Fassen wir das Gesammtresultat aller dieser Betrachtungen ins Auge, so ergiebt sich für die Hss. A D, C, B (G), EL als wahrscheinlichstes Verwandtschaftsverhältniss Folgendes: A und D sind aus einer überarbeiteten Vorlage α geflossen; sämmtliche anderen Hss. führen auf eine gemeinsame Vorlage β zurück; C hat den Text von β am treuesten bewahrt und steht der Vorlage am nächsten; ausser C ist die den Hss. B (G) und EL gemeinsame Vorlage β_1 aus β geflossen; direkte Copien aus β_1 sind nicht überliefert; die stark überarbeiteten Vorlagen von B (G) einerseits und von EL andererseits, welche mit β_2 und β_3 bezeichnet werden mögen, sind zwei sehr verschiedene Überarbeitungen von β_1. So erhalten wir denn folgenden Stammbaum:

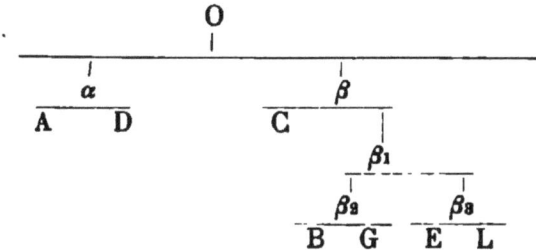

Die Annahme dieses Stammbaumes bietet nur eine Schwierigkeit, nämlich die Erklärung derjenigen oben angeführten Stellen, an denen C und B (G) gemeinsame Abweichungen zeigen, während EL mit der Redaction α geht, denn irgend welche offenbare Fehler, welche C und B (G) gemeinsam haben, sollten aus β stammen, müssten sich also auch in EL finden; es handelt sich ausser den oben angeführten Abweichungen besonders noch um die Erklärung der Verse 10 und 3522, welche nur in BC, nicht aber auch in EL fehlen. Sowohl B als C sind von nicht sehr sorgfältigen Copisten geschrieben; so hat B im Ganzen 12mal, C 10mal einzelne Verse übersprungen; trotzdem ist es schwer, hier das Fehlen der beiden Zeilen dem Spiele des Zufalls zuzuschreiben; eher dürfte anzunehmen sein, dass der Copist von β_2 oder irgend ein Zwischenglied zwischen β_1 und β_2 das Fehlen der beiden Verse in seiner Vorlage am Reime merkte und dieselben aus einer andern ihm zugänglichen Copie nachtrug.

7) O ist aus β geflossen; das Verhältniss von O zu den übrigen Hss., welche auf β zurückführen, lässt sich nicht mit Sicherheit bestimmen. Es fehlen nur in O und C die Verse 2426—2427, nur in L und O Vers 664. In B, C und O steht Vers 2050 vor 2049; ferner in E, L und O steht Vers 1024 vor 1023, Vers 3264 vor 3263. BCELO enthalten einen gemeinsamen Fehler in Vers 496. Wesentlichere Varianten finden sich in B und O gemeinsam in Vers 52, 68, 2956, 2960, 3016, 3032; in C und O Vers 59, 1287, 2908, 3132, 3184; in B, C und O Vers 271, 272; in B, EL und O Vers 179, 234, 463, 496; in C, EL und O Vers 533, 2109, 2409, 3031, 3083; in EL und O 245, 251, 573; O scheint ganz allein die rechte Lesart bewahrt zu haben, da es allein das allen übrigen Hss. Gemeinsame in sich vereint in Vers 996, 2282, 3160, 3253, 3400. Wohl nur zufällig stimmt O in Vers 785 mit D und in den Versen 256, 260 und 268 mit A überein.

8) S (Stockholmer Hs.), T (Turiner Hs.) und W (Wiener Hs.) können nach den wenigen Versen, welche von diesen Hss. benutzt werden konnten, nicht mit Sicherheit in ihrem Verhältniss zu den andern Hss. bestimmt werden; doch scheinen auch sie alle aus β geflossen zu sein. Varianten von T und W finden sich in folgenden Versen: TO 3526, TB 3532, TO 3533, TOC 3534, TBO 3542; WB 1848, WO 1994, W 3527, 3531, 3533, WCO 3534, WAB 3538, WBO 3543. Wegen S vergleiche das oben S. 3 Gesagte. Beachtenswert sind besonders die Schlussverse in S, welche nur noch in T stehen.

Für die Reconstruction des Textes habe ich mich im Allgemeinen an α gehalten; nur in den wenigen Fällen, wo alle übrigen Hss. oder nur B (G), C, EL gegen α übereinstimmten, bin ich meiner eigenen Ansicht gefolgt. Für die Orthographie ist die Schreibweise von A zu Grunde gelegt, doch sind die durch die nachfolgende Reimuntersuchung gewonnenen Resultate zur Herstellung der Sprache des Dichters benutzt worden. In jedem Falle jedoch, wo ich von A abwich, sind auch die orthographischen Varianten von A im Apparat angemerkt worden, während von den andern Hss. orthographische und dialektische Varianten ausnahmsweise nur dann angegeben sind, wenn sie zur Charakteristik der betreffenden Hss. wesentlich zu sein schienen.

Zeit und Ort der Entstehung des Gedichtes.

Obwohl die Frage nach dem Dichter und der Fixirung von Ort und Zeit der Entstehung unseres Gedichtes schon mehrfach Gegenstand einer Untersuchung[1]) gewesen ist, so dürfte es sich doch lohnen, noch einmal darauf zurückzukommen. Zunächst ist hervorzuheben, dass für die Beantwortung dieser Fragen bisher weiter keine Quellen aufgefunden worden sind, als das Wenige, welches sich aus dem Inhalte des Gedichtes selbst gewinnen lässt.

Huon de Méry soll, wie Tarbé auf Grund einer Specialuntersuchung nachzuweisen sucht, aus einem Rittergeschlechte stammen, welches im Mittelalter in Méry-sur-Seine (einige Meilen unterhalb Troyes) in der Champagne sesshaft war und dessen Name sich bis heute erhalten zu haben scheint[2]). Daraus folgert nun Tarbé, dass der Dichter des Torn. in der Champagne gebürtig und, entgegen der abfälligen Kritik Duval's[3]), kein Mönch gewesen sei, sondern dem Ritterstande angehört habe. Tarbé beruft sich dabei auf die eigenen Worte des Dichters Vers 46 und 47:

Lors ne me pot tenir peresce
D'aler en l'oft le roi de France.

Es handelt sich hier um den Zug gegen Mauclerc, Herzog von der Bretagne, welcher im Verein mit andern Vasallen im Jahre 1232 sich zu Gunsten Philipps von Boulogne, des Bruders Ludwigs VIII., gegen Ludwig den Heiligen empört hatte.[4])

Dem gegenüber ist aber zu bemerken, dass der Dichter diese geschichtliche Episode (Vers 27—53) nur als Einleitung in die eigentliche Handlung des Gedichtes benutzt; in vortrefflicher Weise knüpft er die Handlung des Gedichtes an eine im Gedächtnisse seiner Zeitgenossen noch frisch erhaltene Thatsache an. Der Dichter selbst hat nicht wirklich an diesem Kriegszuge teilgenommen, nicht wirklich selbst auf diesem Zuge

---

1) Cf. Max Grebel, a. a. O. p. 50.
2) Cf. Tarbé, a. a. O. p. VI ff.
3) A. a. O. p. 806.
4) Cf. Max Grebel, a. a. O. p. 51. — Grebel hält die Frage nach dem Stande des Dichters für gelöst uud beschäftigt sich nur mit der Frage nach der Zeit der Entstehung des Gedichtes.

den Wald von Berceliande und die sagenberühmte Wunderquelle aufgesucht; es handelt sich bei ihm nur um eine vorzüglich durchgeführte poetische Fiction.

Nur zu häufig gesteht der Dichter im Verlaufe des Gedichtes offenherzig selbst, wie wenig er vom kriegerischen Geiste beseelt ist. So z. B. Vers 250—257, als Bras-de-fer auf ihn eindringt, sinkt ihm sofort der Mut, ohne Schwertstreich übergiebt er ihm seinen Degen:

> Dont a li Mors la hante prife
> Et la me volt el cors baignier.
> De paor me covint saignier,
> Quant en piez fu li Morz sailliz;
> Trop cruaument fuife afailliz,
> Se de li m'ofafe deffendre.
> Couarz fui, ne l'ofai atendre,
> Ainz li ai m'efpée rendue.

Ferner zeigt sein glühender Hass gegen die Secte der Albigenser und andere Häretiker, sein feuriger Glaubenseifer, welcher das ganze Gedicht hindurch zum Ausdrucke kommt, seine genaue Bekanntschaft mit der Bibel[1]) und dem klassischen Altertume (Vers 1779, 1911), besonders mit der griechischen Mythologie (Vers 566—599), dass der Dichter ein gelehrter Geistlicher und kein Ritter war.

Von dem Copisten von B, welcher sein Werk folgendermassen schliesst: »Explicit le tornoiement antecrift, Que dans Hues de Mery fift, Moines de Saint Germain Des Pres«, wird St.-Germain-Des-Prés als Heimat des Dichters angegeben. Es liegt wenigstens die Vermutung nahe, besonders da B aus verhältnissmässig später Zeit stammt, dass der Schreiber von B seine Weisheit aus dem Gedichte selbst, und zwar aus den Versen 3520 ff., geschöpft habe; aus eben diesen Versen geht jedoch nur höchstens hervor, dass der Dichter zur Zeit der Abfassung des Gedichtes wahrscheinlich als Geistlicher in St.-Germain sesshaft war und auch hoffte, dort den Rest seines Lebens dem Dienste der Religion zu weihen.

Die Sprache des Dichters führt zu einem ganz andern Resultate hinsichtlich der Herkunft des Dichters; er kann weder aus der Isle de France noch der Champagne gebürtig sein, sondern muss aus dem Westen oder Nordwesten Frankreichs stammen, obschon sich Spuren von einem Einflusse des Pariser Dialektes auf seine Sprache deutlich zeigen, ein Einfluss, der sich zum Teil dadurch erklären liesse, dass der Dichter schon vor der Abfassung des Gedichtes längere Zeit in St.-Germain sesshaft gewesen wäre. Die nähere Zusammenstellung der Resultate der

---

1) Cf. M. Grebel, a. a. O. p. 57—65.

sprachlichen Untersuchung siehe später; hier möchte ich nur als Vermutung aufstellen, dass der Dichter aus dem kleinen Orte Méru im Nordwesten von Paris stammt.

Für die Beantwortung der Frage nach der Zeit der Entstehung lassen sich aus dem Gedichte selbst folgende Anhaltspunkte gewinnen. Die im Anfange des Gedichtes (Vers 27—53) erwähnte geschichtliche Thatsache des Aufstandes der Vasallen gegen Ludwig den Heiligen fällt in die Jahre 1232—1234; das Haupt der Empörung, Philipp, Graf von Boulogne, starb im Jahre 1234; sein Tod wird im Gedichte Vers 32 ausdrücklich erwähnt. Das Gedicht kann also nicht vor 1234, dürfte aber kurz nach der Niederwerfung des Aufstandes geschrieben worden sein.

Zu einer irrigen Auffassung haben die Verse geführt, welche ich hier nach Tarbé zitire:

Sainte foi lors vint devant (Vers 2780)
[Et frères Robers li Bougiers,
Qui n'iert pereceus ni laniers]
Et le maistre de Sainte Eglise.

Die beiden von mir eingeklammerten Verse finden sich nur in EL, sind also von der gemeinsamen Vorlage β_3 interpolirt worden, also für die Bestimmung der Zeit der Entstehung unseres Gedichtes wertlos.[1]

Der Reim und das Metrum.

Über den Reim ist Folgendes zu bemerken:

Nur Assonanz liegt vor in folgenden Bindungen: *ambles*: *langues* 995, 2263; *paroles*: *lobes* 851; *destordent*: *desconfortent* 2411; *charme*: *basme* 2705.

Reiche Reime, d. h. solche, in denen nicht nur der letzte betonte Vokal und die etwa darauf folgenden Consonanten und tonlosen Vokale in den Reimworten übereinstimmen, sondern auch die dem letzten Tonvokal voraufgehenden Consonanten, oder, im Falle diese die Verbindung einer Muta cum liquida bilden, nur die voraufgehende Liquida, werden vom Dichter mit Vorliebe gewählt. Es finden sich im Ganzen etwa $31^{1}/_{3}$ % solcher Reimbindungen vor.

Leoninische Reime, also solche, in denen auch die der letzten betonten voraufgehende Silbe reimt, werden ebenfalls vom Dichter mit Vorliebe aufgesucht; im Ganzen finden

---

[1] Cf. Tarbé, a. a. O. p. 197; Grebel, a. a. O. p. 52; auch L. Holland: »Chrestien von Troies. Eine literargeschichtliche Untersuchung«, p. 12. Tübingen 1854.

sich 443 solcher Reimpaare, oder 25 % aller Reime. Von diesen 25 % sind etwa 9¹/₈ % solche, in denen auch die der vortonigen Silbe voraufgehenden Consonanten unter denselben Bedingungen, wie bei den reichen Reimen, übereinstimmen. Viele von diesen sind zugleich Rimes équivoques, wie Gautier von Coincy sie schon genannt hat.¹)

Ja, auf drei und mehr Silben wird zuweilen der Reim ausgedehnt; *roberie: loberie* 2197; *bele a devise: qui la devise* 3107; *esperiz* (subst.): *esperiz* (prt.) 2711; *et des piz: et despiz* 649; *envaïe* (prt.): *envaïe* (subst.) 2221; *conscïence digne a: dignement se digna* 3207; *encontra: encontre a* 2839; *conforta: confort a* 2611; *savor a: assavora* 1667; *esperance: desesperance* 1675, 2985; *maintenant: main tenant* 2837, 2881; *acordement: concorde ment* 1313; *cointement: acointement* 2841; *dampnement: Adamp ne ment* 889; *savoré: assavoré* 1665; *deslëauté: lëauté* 2149; *charité: charité* 2771; *sa journée: ajournée* 77; *assemblée* (subst.): *assemblée* (part.) 803; *devisée: devisée* 1411; *assavorée: savorée* 1671; *petite chevauchiée: encore chevauchiée* 1493; *chevauchiée* (prt.): *chevauchié* (subst.) 2033; *olivier: Olivier* 1839; *regeneracïon: fornicacïon* 289; *alegacïon: avocacïon* 745; *abominacïon: fornicacïon* 1049, 2527; *devisïon: visïon* 1413; *fornicacïon: tentacïon* 2565; *de poon: dire poon* 1905; *misericorde: misericorde* 1279; *enseigne ot: enseignot* 1915; *envïot: envie ot* 2225; *despendue: espendue* 461; *retenue* (prt.): *retenue* (subst.) 2559; *desmesure: desmesure* 1001; *assavorée: savorée* 1064, 2689; *descomfortez: comfortez* 2613; *bele a devise: qui la devise* 1409; *enracinez: desracinez* 3067; *si digne disner: si digne disner* 3203.

Auch den **grammatischen Reim** kennt Huon de Mery; ein sehr ausgesponnenes Beispiel desselben findet sich 1299 und in den folgenden Versen; *corde: misericorde, corde a: encorda, ucordons: cordons* (subst.), *encorder: acorder, corde: concorde, acort* (subst.): *acort* (verb.), *acorde: descorde, acordement: concorde ment, misericordes: Cordes* (Cordova) folgen unmittelbar auf einander; ferner 3425 *embatre: abatre, abatus: embatus;* 1263 ff. *savor: assavor, savoré: assavoré, savor a: assavora, savoir: avoir, assarorée: savorée;* ähnlich sind die Verse 17—21, 79—82, 111—114, 145—150 *(vidier: cuidier, cuidai: vidai, cuide: vide),* 167—170, 393—396, 663—667, 841—844, 879—880 und 883—884, 889—892 u. s. w. Stehen sich nur zwei Reimpaare gegenüber, so sucht der Dichter die Worte chiliastisch anzuordnen.

Das **Metrum** ist der bekannte 8silbige Vers; eine beabsichtigte Cäsur nach der 4. Silbe lässt sich nicht nachweisen.

---

1) Cf. A. Tobler, Vom franz. Versbau alter und neuer Zeit, p. 111.

Das s. g. **Enjambement** wendet der Dichter als Kunstmittel sehr häufig an; Beispiele davon finden sich auf jeder Seite zahlreich. Ebenso liebt er es, den Gang der Erzählung durch kurze Rede und Gegenrede zu unterbrechen und zu beleben; so Vers 267 ff.: *Covient-il dont, que je te sieve? || Oül! — dist-il — Ou pes ne treve || N'auras c'orendroit ne t'ocie.—|| Lors li dis: En ta compaignie || Irai* u. s. w.; Vers 287 ff.: *Comment as-tu non? — Bras-de-fer || — Dist-il* u. s. w.; oder der Dichter unterbricht sich selbst, so Vers 1794 ff.: *Amours ot hiaume; Quiex estoit? || Quiex? Il ert de si grant biauté,* u. s. w.

Zur Feststellung der Silbenzahl ist Folgendes zu bemerken: Der Hiat im Innern der Worte, insofern die beiden zusammentretenden Vocale durch Schwund eines dazwischenstehenden Consonanten entstanden sind, oder sofern dieselben wenigstens im Lateinischen 2 Silben bildeten, ist noch durchaus bewahrt worden; die einzelnen besonders bei D auftretenden Contractionen zerstören das Metrum und gehören daher dem Copisten an.

Doch gebraucht der Dichter häufiger neben ältern syncopirten Formen dasselbe Wort auch in der nicht syncopirten Form; durch das Metrum gesichert sind folgende Fälle: *parvis* 1534, 3131, 3141, 3269, 3488, 3514, 3517, 3522, *paradis* 157, 159, 202, 1238, 1256, 1447, 3232, 3267, 3479; *veraiement* 201, 2806, *vraiement* 3487 *(voirement* 3524*), vraies* 1505, *veraie* 1575, 1712, 3273; *verté* 62, 1705, 1906, 3111, *verité* 1838, 1920, 1924, 2106, 2146, 2166, 2168, 2172, 2816, *veritez* 3402; *desperance* 2640 neben *desesperance, desperé* 3097 neben *desesperé*; *mecine* 3072, *medecine* 1387, 3016, 3065; *menestrel* 2137, *menestriex* 3496, *menesterel* 2411.

Homo ist im n. s. einsilbig, im obl. s. und im pl. zweisilbig: *home* obl. s. 471, 1415, *omme* n. pl. 1690; *mille* ist im sing. einsilbig *mil*, durch das Metrum oder den Reim gesichert in Vers 645, 1329, 1636, der pl. *mile, mille* Vers 358, 382, 384, 534, aber Vers 297 *Bien a .C, mil coverz de fer.*

Über die Behandlung der Adj. zweier Endungen und die Part. praes. s. später.

Com wird bei folgendem Consonanten sowohl als Conjunction als auch als Adverb bald einsilbig, bald zweisilbig gebraucht; gesichert sind folgende Fälle: *com* adv. 52, 132, 560, 976, 984, 1205, 1221, 1233, 1290, 1321, 1365, 1535, 1640, 1847, 2113, 2183, 2215, 2239, 2299, 2886, 2900, 3073; *comme* adv. 103, 1075, 1154, 2649, *com* conj. 97, 1527, 1791, 2679, 2940, 2949, 3021; *comme* conj. 58, 519, 715, 978, 1166, 1690, 2631, 2751, 2914,

2975, 2980, 3524; ähnlich *encor* 134, 200, 1948, 3219, *encore* 1494; *par derriers* 2191, 2895, 2930, *derrieres* adv. 1898.

Neben dem etymologisch richtigen n. s. *mons* (mundus) Vers 123, obl. s. *mont* Vers 160, 3216, 3325 tritt als Scheideform mit dem Stützvokal der obl. s. *monde* in Vers 139, 291, 843, 1146, 1978, 2340 auf. Neben der vollen Form *elle* kommt auch die gekürzte Form *el* in Vers 2113, 2208, 2557, 2698, 2853, 3013, 3355, 3477, 3518 vor.

Inclinirt wird nur
   1) der acc. sing. des pron. pers. m. *le* in folgenden Fällen: *mais jel fis* 146, *Jel te dirai* 274, *nel saluai pas* 235, *nel prent* 3228, *qui quel düust paier* 344, *quel prent* 2853;
   2) der obl. sing. des Artikels: *el (en le)* 212, 251, 684 etc. (aber natürlich *en l'aymant* bei folgendem Vocal 623);
   3) der obl. pl. des Artikels: *es covertures* 684, *es lermes* 1574.

Elidirt werden regelmässig bei folgendem Vocal oder nicht aspirirtem *h* das tonlose *e*, ausserdem das *a* des Artikels *la* und der pron. poss. *ma, la, sa*, und das *i* in *si* (und): *s'ont vielles et harpes prises* 482, *s'ot ceinte* 1139, *s'a chevauchiée* 1493, *s'ert estelé* 1517, *s'a destendue* 2572; ausgenommen ist das adv. *si* (so): *si ajete* 1679, *si afeties* 1694, *si ouvert* 155, *si est ardant* 447.

Der Hiat ist nur in folgenden Fällen gesichert: *que il* 2882, 2899, 3391, 3412; *que autrement* 3064; *que asembler* 142; *Que a ma mort ne a ma vie* 198; *que el goufre* 476; *Que au pin* 231; *que a losenges* 1958. Die Stellung im Verse scheint dabei gleichgiltig zu sein.

Rimarium.

a.

I. -abet, *fut.* +∞ : 3057.
II. -avit + -abet, *prs.;* -ac, *adv.*: encorda etc. 1302, 1379, 1668, 2611, 2817, 2835, 2839, 3208, 3350, 3403, 3459 + a; ala 2880, 2935, 2974, 3333, 3374, parla 3437 + dela, la; +∞: 79, 89, 337, 2235, 2239, 2341, 2583, 2639, 2671, 2805, 2993, 3073, 3079, 3433, 3483.
-abet, *prs.* + -ac, *adv.*: a 2288, 2863 + dela.

able.

-abilem, *f.* + *m.*; -abula: perdurable 1558, 3469 + metable; metable 1579 + table.

ables.

-abulas, *sb.* + -abilis, *m.*; -abiles *obl. pl. f.*; -*abulus; -*abulos: tables 3276 + delitables; fables 333; + connestables 3212; 401.

ace.

-ateam + -aciem; -achiat : place 1198, 1512, 2998 + glace, face; + enbrace 2256.
-aciem + -aciat: face 83.

aces.

-ateas + -acias : places 657, 1704, 2833 + menaces.

acles.

-acles + -*aculos : Eracles 537 + miracles.

ade.

-atuam, *a.* + -apida, *a.*: fade 1673 + sade.

age.

-*aticum + -*apia, *a.* : outrage 969 + sage; +∞: 125, 1081, 2279.

ages.

-*aticos + -*apius : messages 1371 + sages.

ai (s. oi).

I. ? : delai 2517 + tai.
II. -avi, *prf.* + ∞ : 147.

aigne (s. eigne).

aile.

I. -*aliam + -*aleat, *3. s. ind.*; -*aleat, *3. s. conj.*; -*aculat; -*aleam, *1. s. conj.*: vantaille 2327 + taille; vitaille 3444 + aille; entraille 2314 + desmaile; bataille 262 + j'aille.
II. -*alliat + -*alliam : faille 505 + faille; -*alliam + ∞ : 3395.

aillent.

-*aliunt + -*aleant : saillent 375 + detaillent.

ain, aine, aines, ains, aint, ainte, aire, aires, aise, aisse, aistre, ait, aite, aites, s. unter e.

al.

-allum + -alem, *a. m.*; -alcum : cheval 1266, 2871 + imperial, infernal; + seneschal 2350.

ales.

-*alas + -*ales, *a. f. n. pl.* : sales 397 + sales.

amble.

I. -ĭmulat + ĭmul : samble 124, 144, 282, 1640, 1715, 1872, 2544, 3184, assamble 2175 + ensamble; + ∞ : 1535.
II. -ĕmulat + -ĕmulam : tremble 1188 + tremble.

ame.

-ŏminam + animam; -emmam : dame 1275, 1343 + ame; + jame 1517.

an.

-anum + ∞ : 2774, 3535.

anc, enc.

I. -anguis + -*ancum, *obl.* : sanc 1293 + blanc.
II. -*encum + ∞ : harenc 411+Hodenc.

ance, ence.

-antiam + 1) -*anceam; 2) -anciam; 3) -*anteat; 4) -antia; 5) -entiam : desesperance 1189, 2063, 2309, alïance 1569, 1831, 1974, esperance 1720, 2053, atemprance 2245 + lance etc.; 2) demorance 47, desesperance 347 + France; 3) atemprance 1551 + s'avance; 4) desesperance 1230 + remembrance; 5) demorance etc. 259, 1211, 1591, 1611, 1955, 3411 + covenance etc.; + ∞ : 669, 717, 1239, 1675, 2035, 2659, 2985, 3103, 3129.
-*anceam + -*anceat; -entiam : lance 987, 2269, 2293, 2373, 2531, 2891 + lance; lance etc. + contenance 675, 1028, 1168, pacïence 1707, conoissance 1524, apercevance 1917.
-entiam + -entia; -entiat : 1559, 1613, 1867; penitance 3001 + tance; + ∞ : 927, 1125, 1133, 1531, 1555, 1627, 1943, 2211, 2745, 2823, 3085, 3471; -entia + ∞ : 1489, 1889.

anche.

-anicam + -*ancam : manche 1565, 2070, 3084 + branche, manche.

anches.

-anicas + -*ancas : manches 1274 + blanches.

ande, ende.

I. -*andam + -andat : Bercelïande 55 + commande; + ∞ : 71, 191, 2005, 2023; -andat + ∞ : 2739, 3475.
II. -endat : *conj. 3. s.* + ∞ : 895.

andent, endent.

-endunt + ∞ : 2087, 2733.

andre, endre.

I. andëre, *inf.* + -andrum : espandre 1648, 1805, 2359 + Alïxandre.
II. -ĕndere, *inf.* + ∞ : 61, 255, 239, 361, 369, 385, 515, 2167, 2807, 3221.

ange, enge.

I. -angellum + -aneum : ange 2921 + lange.
II. -*ineam + -ingat, *ind.* : losenge 796 renge ; + ∞ : 2311.

ans, anz, ens, enz.

I. -antes, *prt. obl. pl. m.* + -ans, *prt. n. s. m.*; -annos : mesdisanz 2333 + gisanz ; + ans 806 ; + ∞ : 823.
-*antos + -antos : Popelicans 2776 + quans ; + ∞ : 2793.
-*ans + antos : Calogrenans 195, puissans 383 + chans, besans.
-antus + -*empos : quans 2145 + tans,

II. -intus + -*entos; -entes: dedenz 1122 + sermenz; + denz 2656; -entes + ∞ :2897.
-ensos + -*ingos; sens 789 + rens.

ant, ent.

I. -*anti, *prt. n. pl. m.* + -antem: huant 2284, serjant 2737, parlant 3357 + puant, contremant, vaillant; + ∞: 843.
-antem, *obl. s. m.* + -antem, *obl. s. f.;* -antem, *n. s. f.;* -*anti: verdoiant 1129 + parant; maintenant 2835 + tenant; errant 2783 + Tisserant; + ∞: 523, 1467, 1619, 2267, 2465, 2575, 2881, 3263; -antem, *n. s. f.* + ∞: 2575.
-antem + -andet; -antum: aymant 619 + demant; soumeillant 1207 + olifant.
-ante + -antum; -*antum: avant 1203 + autant; + talent 3529; + ∞: 2677, 2779.
II. -ente, *adv.* + 1) -endit; 2) -entem; 3) entit; 4) -entum; 5) -inde; 6) -*antem, *obl. s. m.*: 1) nicement 2854, cruaument 2859 + prent, entent; 2) bonement 3306 + esclent; 3) radement 2515 + desment; 4) ensement etc. 87, 690, 1317, 1625, 2048, 2079, 2592, 2755, 2843, 2967, 3039, 3064, 3081, 3227 + firmament etc.; 5) communement 641 + sovent; 6) cointement 1185 + rampant; + ∞: 265, 661, 1605, 1687, 1819, 3201, 3299.
-entem + -enitum; -entet, *subj.*: gent 531 + gent; present 1659 + present; + ∞: 2363, 3109, 3213.
-entum + 1) -endet, *subj.*; 2) -endit; 3) -enitum; 4) -entem; 5) -entit; 6) -inde: 1) firmament 181 + ament; 2) pavement 1108, argent 2681, cent 2976 + prent, tent, descent; 3) argent 97, 403, 1542, 1545, 1723, 1876, 3151 + gent; 4) argent 295, 645, 672, 774, 858, 1335, 1348, 1356, 1370, 1458, 1698, 1702, 1734, 2075, 2550, firmament 212, 2996, vent 567, 2908, arrement 808, cent 2029 + gent etc.; 5) testament 1394, firmament 2232, 3407, dampnement 889 + ment; 6) vent 2424 + sovent; + ∞: 299, 541, 835, 1019, 1241, 1297, 1313, 1583, 2797, 2987, 3431; -endit + ∞; 1651.

ante, ente.

I. -antat + -antam: plante 2927 + plante, *sb.*; + ∞: 2369.
II. -entat + -entam; -entem; -*inta: tente 3030 + s'entente; presente 1661, tormente 3297 + presente, *a.*, ente, *sb.*; adente 1103 + trente.

arbre.

-arborem + armorem: arbre 99 + marbre.

arde.

-*ardam + -*ardat: garde 1177 + garde, *3. s.*; + ∞; 1901.

arme.

-armen + -alsamum: charme 2705 + basme.

armes.

-*armas + ∞: 2919.

ars.

I. -artes + 1) -arcos; 2) -arsos; 3) -arsus; 4) -*ardos: 1) pars 1877 + ars; 2) + espars 120; 3) 2809; 4) dars 1013 + regars.
-*artos + -*artus: Picars 955 + quars.
II. -ars + -*arcos: Mars 583, 2876 + mars.

art.

-artem + -*artum, *n. s.*: part 951 + Durendart; + ∞: 735.
-*ardum + -ardet, *conj.*: regart 820 + gart; + ∞: 2753.

as, az.

I. -*attus + -*assum: maz 738, 2504, 2820 + talevaz, marcas.
II. -atium + ? *sb. o. s.*: soulas 1090 + eschalas.
III. -*appos + -*abbos: hanas 1095 + gas.
IV. -assum + -*asso, *1. s.*; -*assos: pas 1054 + pas; 3482; + ∞: 235, 1921, 2445, 2505, 3051, 3385.

asse.

-assam + -assa: masse 1685 + lasse.

ast.

-asset + ∞: 3493.

at.

I. -atuit + ∞: 1677.
II. -*attum + ∞: 2285.

ate.

-*atat + -atta; -*attam: esclate 2278 + mate; 2320.

atent.

-atuunt + ∞: 365.

atre.

-atuere + ∞: 781, 3425.

aus, iaus.

I. -ales + -alicem; -altus: envïaus 1127 + saus; + haus 2215.
II. -allos + -ellos: chevaus 771 + couteaus.
III. -ellus + 1) -*c]alous; 2) -*j]alis; 3) -*ellos: 1) noviaus 2007 + seneschiaus; 2) biaus 1375 + celestïaus; 3) biaus 539, 581, 677, 1005, 1383, 1463, 3279, estorniaus 2940 + dĕabliaus, cembiaus, fusiaus, tortiaus, egliaus, querniaus, tropiaus; + ∞: 1843; -*ellos + ∞: 317, 1853.
-j]ales + j]alis ?: auvergnaus 489 + pivernaus; + ∞: 8379.

aut.

-altum + -altat: assaut 2243, prinsaut 1011 + assaut, saut; + ∞: 2545.

autre.

-*iltrum + alteram; alterum: fautre 2032 + autre; 2954.

é.

-atum + 1) -adum; 2) -ellum; 3) -ati; 4) -ētum; 5) ? *sb. o. s.*: 1) gré 2234 + degré; 2) bendé 900, 1827 + cendé; 3) 869, 891, 917, 3265; 4) gré 2703 + segré; 5) meserré 2799 + ré; + ∞: 17, 115, 553, 1261, 1269, 1331, 1665, 1893, 2057, 2071, 2083, 2141, 2377, 2525, 2851, 2887, 2901, 3353, 3415, 3515, 3059; -ati + ∞: 715, 1339.
-atem + -ati; -atum: 3163; 885, 941, 1033, 1159, 1499, 1593, 1727, 1935, 2563, 3047; + ∞: 415, 673, 743, 793, 829, 863, 911, 1295, 1481, 1485, 1529, 1587, 1615, 1623, 1705, 1779, 1795, 1837, 1919, 1923, 1931, 1951, 2105, 2143, 2149, 2155, 2165, 2685, 2759, 2771, 2815, 3359, 3367.

èchent.

-*eccant + ∞: 441.

ée.

-ata-m + -atam: prée 696, 1547, 2383, 2914.
-ata, -atam + ∞: 15, 19, 77, 81, 121, 315, 511, 519, 775, 803, 971, 981, 1105, 1109, 1113, 1137, 1191, 1195, 1199, 1227, 1411, 1427, 1433, 1509, 1671, 1683, 1857, 1861, 1907, 2035,

, 2113, 2161, 2193, 2251, 2273, 2299,
2305, 2367, 2379, 2399, 2573, 2577,
2585, 2689, 3009, 3055, 3115, 3311,
3455.

ées.
-at s + ∞: 327, 985, 997, 1141, 1969, 3143.

ége.
-ēgium + -et-ego: privilege 1417 + et ge.

eigne, aigne.
I. -ingat + -ĭneat: restraigne 2999 + retaigne.
II. -*igniam + -*aneam; -*aniam; -*igniat: enseigne 2883 + plaigne; + compaigne 606, 1346; 1025, 1337, 1695, 1803, 3365; -*aniam + ∞: 215, 907, 1333, 2511.
-anniam + -*aneam; -*aniam: Bretaigne 53 + lointaigne; + Champaigne 29.

eil.
-ĭlium + -ĭlio, *1. s.:* conseil 1879 + merveil.

eille.
I. -*iliam + -*iculam; -*iliat; -*ilio: merveille 1263 + vermeille: 3121, 3345; 1863.
II. -ĭtulam (-iclam) + -*ĭtulat: seille 425 + guerseille.

eilles.
-*ilias + -*iculas: merveilles 2003, 2062 + vermeilles.

ein, ain.
-anum + -ane; -ēnum; -ĭnum: main 1657, 2361, 2442 + demain; + plain 108, 938; sain 2397 + sain; + ∞: 1185, 1749, 2043, 2195, 2207, 2391, 3019, 3519, 3539.

-ignum + -alneum; -ēnum: desdaing 2253 + baing; + plain 655.

eine, aine.
-*anam + -ēnam; -*ĭnat: chartaine 417, areine 2911 + plaine, aleine; + maine 900; + ∞: 63.
-*ana + -*anam; -ĭnat: germaine 1537, demaine 3256 + andaine, fonteine; germaine 767, 1714, premeraine 1492 + maine; + ∞: 1891.

eines, aines.
-*anas + -ēnas : areines 3501 + plaines.

eins, ains.
-*anos + -inotus; -ĭnus: mains 2619 + vains; mains 571, 1120, 1649, 1655, 2206, Romains 765 + mains.

eint, aint.
-ingit + -incit; -incti; -inctum: faint 2110 + vaint; peint 1544; empaint 2867.
-anet + -*ĭnet: remaint 3517 + maint, *conj.*

einte, ainte.
-inctam + ∞: 711, 897, 1283, 1963, 2375, 2923.

eintes.
-inctas + ∞: 1249.

èl.
-ellum + -al(i)ud: chatel 2418, 2605 + el; + ∞: 959, 991, 1039, 1883, 1965, 2187, 2521.
-alem + -al(i)ud: hostel 3388 + el; + ∞: 301.

èle (elle).
I. -*ellat + -*ellam; -illa; -illam: chancele 2266, forcele 2329 + forcele; escartele 2952 + estincele; + mamele 2248; -illa + ∞: 589.

-*ellam + -*ella: novele 11, 3290;
+ ∞ : 1157.
II. -*isculam + -*esilam: melle 2979
+ grelle.
III. -*aculam + -acilem: grelle 1349
+ grelle.

èles.

-*ellas + -*élas: noveles 3402 + esteiles; + ∞ : 681, 839, 2091, 2569.

éles.

-alas + -ales: eles 1845 + teles.

ème (esme).

-ismum + -*emam: bautesme 105 + cresme.

enc, ence, endent, endre, enge, ens, ent, ente,
s. unter *a.*

ér.

-are + -arum ; ? *sb. o. s.* : amer 1390, 2430 + mer; + alïer 1972; + ∞ : 111, 141, 213, 277, 419, 435, 547, 559, 609, 807, 973, 1037, 1235, 1305, 1405, 1449, 1477, 1513, 1521, 1797, 1849, 1895, 1939, 2077, 2101, 2229, 2457, 2497, 2507, 2581, 2597, 2621, 2631, 2643, 2725, 2763, 2889, 2915, 2957, 2981, 3027, 3157, 3171, 3195, 3199, 3203, 3327, 3447, 3495, 3533.

èr.

-ernum + -ĕr; -ĕrum; -errum: enfer 576 + Jupiter; + Lucifer 1367, Mulciber 3420; + fer 287, 297, 595, 983, 1597, 1751, 2460, 3458; + ∞ : 3463.

ère.

-atrem, *n. s.* + -ara; -aram: mere 1860 + amere; 1925.

ère.

I. -*agrum, *a. n. s. f.* + -ahere: debonaire 2696 + trere.

II. -acere + -*atriam: fuire 8807 + repaire; + ∝ : 1759, 2667.

èrent.

-arunt + ∞: 493, 499, 1933.

ères (aires).

-arius + ∞: 291.

èrne.

-ernam + ∞: 2629, 2777.

èrre.

I. -erram + -*erra: terre 137, 243 + guerre; + ∞ : 2509.
II. -itrum + ïter: tonerre 128 + erre.

èrs.

-ersus + -*errus; -ersos: divers 1763 + fers; + envers 740.

èrt.

-ertum + -erdit: pert 1681 + pert; + ∞: 155, 2173.

èrte.

-ertam + er[vi]tam: ouverte 3355 + deserte; + ∞ : 2727.

és, éz.

-atus + -atis; -atos: lassez 1654, alez 3439 + assez, devalez; nez 1444, doutez 1774, empenez 2549 + empenez, outredoutez, alez ; + ∞: 349, 479, 855, 1003, 1007, 1067, 1259, 1403, 1765, 1887, 1947, 2613, 3067, 3251, 3323.

-*atos + -abes; -atis: prez 378, 1245 + tres; amassez 193, 2098, trespassez 380 + assez; + ∞ : 3023.

ès (ais), èz.

I. -essum + apes; -ipsum : pres 637 + es; apres 2989 + ades; + ∞: 961, 1181.

-essus + -acem; -ides: espres 3133 + pes; confes 3089 + fes.

-ipsum ? + -*asios: ades 1206 + mauves.
II. -actus + -*actos: contrefez 743 + fez.
III. -agis + ∞: mes 223.
IV. -issum + -*issos: entremes 3238 + mes.

èsche.
-*iscam + -*escam: galesche 356 + bretesche.

èsches.
-*iscas + -*escas: galesches 283 + bretesches.

èse.
-*asiam + ∞: mesese 2421 + à ese.

èsne.
-*etinam + -*ationat; -axinum: resne 2347 + desresne; + fresne 2454.

èsse, èsce.
I. -axat + -*axam; -essam: lesse 1786 + lesse; eslesse 1256, 1374, lesse 2100 + pressé; + ∞: 2855.
-essam + -essat: presse 1152 + empresse.
II. -*issa + -issam: deesse 2542, miresse 3101 + espesse.
III. -*itiam + -ectiat; -*essam; -itia: largesce 2355 + s'adresce; ivresce 1097 + tresce; prouesce 1634 + largesce; + ∞: 45, 353, 1989, 3141, 3353.

èst.
-estum + -aestum; -*astum ?: arest 392 + prest; + forest 276.

èste.
-estam + -*estat: feste 430, 3332 + enteste; + ∞: 3381.

èstre (aistre).
-*essere + 1) -agistrum; 2) -estem; 3) -estram; 4) -istram: estre 3013 + 1) mestre; 2) + celestre 2650; 3) + fenestre 2750; 4) + senestre 2444.
-exteram + 1) -agistrum; 2) -estem; 3) -istram: destre + 1) mestre 2680; 2) celestre 2390, 3005; 3) + senestre 2701.
-agister, voc. s. + -ascere: mestre 2271 + pestre.

èt (ait).
I. -actum + ∞: 427, 753, 879, 2199, 2325, 2697, 2715, 2731, 2857, 2941, 2955.
II. -ittit + -*ettum: entremet 2197 + gibet.
III. -actem + -*aitit ?: lait 1691 + lait.

ète (aite).
I. -ectam + -actet, conj. 3. s.: parfaite 3018 + afaite.
II. -ectat + ∞: 1679.
III. -actam + ∞: 883, 3339.

ètes (aites).
-actas + ∞: 747, 2129.

ètre (ettre).
-ittera + -eptrum: letre 1439 + scetre.
-ittere + -itteram: metre 3125 + letre; + ∞: 398.

eu.
-*ōdum + -*ōtum: preu 57 + veu; + ∞: 579.

eus, ieus.
I. -ōsus + -ōlus: angoisseus 2609 + seus; + ∞: 3217.
-ōsum + -ōsos: doulereus 2331 + amoreus; + ∞: 629.
II. -ŏolos + -ēlius; -*uolis: iex 2602 + miex; + orgueus 631.

III. -ales + ∞: 367, 545, 1519, 3239.
IV. -uos + ∞: 2489.

euse.
-ōsa + -ōsam: 557.

euses.
-ōsas + ∞: 1325.

ex, s. es.

i.

I. -*ītum + -*aeo, pron. f.; ? sb. obl. s.;
-īcam: poli 1131 + li; meri 3525 + Meri; guerpi 3541 + espi.
-c]ēdem + -ecce hīc; -*iem, conj. prs. 1. s.; -īdi: merci + ci 1776, 3042; + merci 164; + vi 945.
-īde, imper. + -ecce hīc: oci 3296 + ci.
-*īvit + -i, pron. rel.; -īti; -ītum: vainqui 2758 + qui; failli 36 + bailli; parti 1553, 1983, resjoī 2645 + parti, esvanoī; + ∞: 2213, 2223, 2353, 3285.
-īvi + -ītum: afflati 135 + glati; + ∞: 2589.
-īdi + -īti: servi 409, 473, 3390 + vi.
II. -ēdium + -ici: mi 866 + anemi; + ∞: 2115.
-ioum + -īdium: anemi 2477 + demi.
III. -ico, prs. 1. s. + -iem: di 3111, 3168 + midi; mercredi.

iaus, s. aus.

ice.

I. -ītiam + -*itiat: justice 725, 2713, 2795 + entice, justice.
II. -escia + -īcem, n. s.: nice 1869 + norrice.

ices.

-*īcias + -ĕoies; -*īsas: vices 434, 647 + espices; delices 993, vices 3025 + devices; + ∞: 321, 529, 1073, 1497, 2977.

-ĕoies + ? sb. n. pl.: espices 2846 + esclices.

iche.

-*iccum + ∞: riche 2137 + chiche.

iches.

-*iccus + ∞: riches 2874 + chiches.

ide.

-og]itat + -iduam: cuide 149 + vide.

ie.

-ītam + 1) -*īa; 2) -īam; 3) -*īat; 4) -idam; 5) -īdia; 6) -īdiam; 7) -īdiat; 8) -ita; 9) -*ītat: 1) compaignie 1183, flatie 2297, estourdie 2847 + couardie, vilanie, folie; 2) vie 197, 860, 966, 2289, 3259, polie 749, hardie 1166, partie 1811, estordie 2117, 2249, envaīe 2258, compaignie 1986, 3146, mentie 3462, 3467 + melodie, cortoisie, gloternie, heresie, melodie, tricherie, musardie, ribaudie, frenesie, satrenie, baronie; 3) + rassasie 3235; 4) + occie 269; 5) + envie 781; 6) 871; 7) 2217; 8) 3229; 9) guie 3423; + ∞: 1735, 2221, 3445; -ita + ∞: 1441, 2307, 3169.
-iam + 1) -ĕcat; 2) -icam; 3) -īcat; 4) -īdet; 5) -ītat: + 1) nie 2282; 2) amie 1998; 3) senefie 3135; 4) fie 1885; 5) marie 1454, escrie 2335.
-īa + -ĕcat: + nie 464; -ia, -iam + ∞: 555, 639, 651, 705, 713, 721, 791, 799, 847, 853, 875, 887, 999, 1017, 1061, 1085, 1147, 1161, 1475, 1507, 1721, 1783, 1821, 1865, 2001, 2011, 2049, 2111, 2151, 2197, 2217, 2451, 2769, 2791, 3441, 3449.
-j]atam + -īa; -iam: maisnie 1976 + cortoisie; + ypocrisie 1927.

ié.

I. -j]atum + 1) -j]atem; 2) -j]ati;

3) ĕgo: 1) rechignié 703, afaitié 1829 + pitié, amistie; 2) 1577, 2059; 3) mangié 470, negié 3284 + gié; + ∞: 1023, 1029, 1495, 1549, 2093, 2317, 2595, 3091, 3095; -j]ati + ∞: 1959; -j]atem + ∞: 699, 827, 861, 913, 1281, 1571, 1929, 1949, 1959, 2125, 2135, 3363.

II. -ĕdem + -*ioz: pié 229, 245, 1599 + espié.

iée.

-j]atam + -j]ata; -aetam: 967, 1079, 1525, 1585, 2159, 2318; voisiliée 312 + liée; + ∞: 15, 179, 709, 813, 1009, 1099, 1493, 1735, 2033, 2261, 2381, 2385, 2479; -j]ata + ∞: 1341.

iées.

-j]atas + ∞: 323, 437, 667, 719, 957, 3141.

ief.

c]aput + -*ĕvem: meschief 2051 + grief; + ∞: 33, 153, 1015, 1479, 2065, 2431, 2617, 2953.

iegne.

-ĕniat + ∞: 263.

iegnent (eignent).

-ĕniant + -ĕndeant: viegnent 3159 + preignent.

ien.

I. -j]anum + ∞: 3535.
II. -ĕm + -ĕne; -i]anum: rien 2172, 3189 + bien; + Orlien(s) 1083.

ienent.

-ĕnent + -ĕniunt: contienent 1690, tienent 2768 + devienent, entrevienent; + ∞: 3369.

iens.

I. -j]anus + -j]ens: Daciens 1778 + paciens; + ∞: 21, 103.

II. -j]intus + -j]entem + s: ceiens 3383 + noiens.

ient.

-ĕnit + ∞: 9, 271, 1817.

ier.

-arium + -j]are; -arii; -ĕrium: sentier 75, puisier 110, dangier 659, bachelier 2056, chevalier 2068, denier 3214, vergier 3278, boutelier 3313 + couchier etc.; + estrier 1320, portier 2729; + mestier 67; + ∞: 1381, 1839, 2493; -arii + ∞: 497.

ierce.

-ertiam + -*erciam: tierce 1397 + fierce.

iere.

-ariam + 1)-aria; 2)-c]aram; 3)-ĕdram; 4) -ĕtro: 1) 1621, 2097, 2663, 3177, 3435; 2) + chiere 443, 569, 617, 1091; 3) + chaiere 101; 4) + ariere 1807; + ∞: 637, 1461, 1471, 1809; -aria + ∞: 1575; -c]ara, -c]aram + ∞: 627, 2401, 3055, 3337.
-ĕram + -ĕtro: fiere 1179 + arriere.

ieres.

-arias + -*ĕtras: + derieres 1897; + ∞: 1251, 3173.

iers.

-arios + -arius: pleniers 305, baisiers 1745, chevaliers 3491, mestiviers 3543 + useriers, loriers, volentiers; + ∞: 501, 2041.
-arius + -egros; -ertios: sentiers 70 + entiers; boteilliers 454 + sestiers; + ∞: 2201.
-ĕtro + s + -arios; -arius; -ĕrus: derriers + destriers 2192, estriers 2929; 2895; ariers 37 + fiers.

ies.

-ītas + ∞: 513, 1995.

iēs, iĕz.

-cĵatos + -jĵati+s, *n. pl.*: envoisiez 3497 + proisiez; + ∞: 1693.
-jĵatus + -*ĕolus: losengiez 1644 + viez; + ∞: 2539, 2961.
-ŏdes + -aetus; -cĵatus: piez 1431 + liez; + lacies 732.

iet.

-*ĕtet + -ĕdit: viet 1789 + siet.

ieus, s. eus.

ieve.

-*ĕquam, *conj. 1. s.* + -*ĕvam: sieve 267 + trieve.

iĕz, s. iĕs.

if.

I. -īvum + ∞: 2101.
II. -*if + ∞: estrif 279, 387, 2357.

ige.

-ībiam + -*īgium: tige 1747 + lige.

il.

-ille + -īlem, *n. s. f.*; -īlium: mil 1329 + vil; + fil 1635.
-īlium + -jĵ*ēlum: issil 976 + essil.

ile.

-illam + -*īlam: -illia: vile 948 + guile; + mile 357, 381, 533.

igne.

-ignam + ∞: 3205.

ignes.

I. -ignus + -ygnos; -ygnus: dignes 1941 + cignes; 977, 1353, 1515; + ∞: 1799, 3209.
II. -*ignos + ∞: 1437.

imple.

-implex + ? *sb. o. s.*: simple 1856 + guimple.

in.

I. -*inum + -īnium: poitevin 915, 1117 + larrecin; + ∞: 203, 449, 685, 777, 2437, 2635, 3245, 3261, 3389.
II. -īnem + -*īni, *ad. n. pl.*: declin 2337 + inclin; + ∞: 1609.

inde.

-indum + ∞: 1287, 1459.

indrent.

-ĕnerunt + ∞: 1873, 2015, 3147.

ine.

-*īnam + -*īna; -*īnat: crapaudine 634, roïne 1486, medicine 3072 + fine, cosine; + enlumine 1729; + ∞: 755, 909, 1387, 2157, 2371, 2469, 3015; 3065; -*īna: + ∞: 587.
-inat + -init: decline 2081 + define.

ines.

-*īnas + ∞: 621, 2947.

ins.

-*īnos + -īnus: fins 1328, vins 3248 + fins, devins; + ∞: 407, 495; -*īnus + ∞: 643.

int.

-ĕnit + īginti: + XX 1505; + ∞: 517, 1101, 1149, 1631, 1823, 2647, 3391.

ipse.

-ipsam + ∞: 1425.

ir.

-īre, *inf.* + -yrum: vestir 2427 + Tyr; + ∞: 39, 117, 171, 399, 601, 687, 787, 1277, 2983, 3163, 3429, 3451.

ire.

I. -ĕdīcum [1]) + -īrat: mire 1452, 3037 + mire, remire.

---

[1]) Vgl. **Romania** II, 242; VI, 162. 254. 309.

II. -icere + -ĕriam; -ĕrium; -īram: dire + matire 3604; + majestire 3007; + ire 4.
-ĕrium + -uc]ēre, *inf.*: majestire 1469 + reluire.
III. -ībere, *inf.* + ∞: 1601, 1841.

irent, istrent.

I. -īserunt + -irant: remirent 1447 + mirent; + ∞: 895.
II. -ēdērunt + ∞: 1953.
III. -ērunt + ∞: 1243.

is.

I. -īsum + 1) -ĕhensi; 2) -ĕhensum; 3) -īes; 4) -ilius; 5) -is, *n. s.*; 6) -īsios; 7) -īso, *prs. 1. s.*; 8) -īsos; 9) -īsus; 10) -īu+s, *adv.*: 1) ris 1595 + pris; 2) ocis 936 + pris; 3) paradis 3232 + dis; 4) avis 1528 + lis; 5) vis 1993 + Meraugis; 6) parvis 3522 + Paris; 7) vis 1408 + devis; 8) avis 816 + ris; 9) avis 201 + paradis; 10) paradis 3267 + jadis; + ∞: 1237, 1583, 1899, 3131, 8487, 8513.
-ĕhensi + -ĕhensus; -iso, *prs. 1. s.*: pris 134 + entrepris; repris 2799.
-essum + 1) -*essi; 2) -ex, *num.*; 3) -īsum; 4) -issum: 1) assis 405; 2) + sis 1210; 3) + avis 1982; 4) + mis 1386; + ∞: 2227.
-essos + -issum: assis 1465 + mis.
-īnus + -īu+s, *adv.*: Longis 1291 + jadis.
-īvus + -*essi: pensis 2604 + assis.
-*ix + 1) -ĕhensi, *prt.*; 2) -ĕhensit; 3) -ĕhensos; 4) -ĕhensum; 5) -ĕhensus: pris 1) + despris 2428; 2) + pris 2345; 3) + pris 2090; 4) 23, 507, 1223; 5) 1709.
II. -*ĭf+s, *n. s.* + *obl. pl.*; estris 2830 + estris.
III. 1: tornĕis 325 + hordĕis.

Ausg. u. Abhandl. (G. Wimmer).

ise.

-īsam + 1) -īsat; 2) -ītiat; 8) -issam: 1) devise 1409, 3107; 2) convoitise 769 + atise; 3) chemise 574, 1567 + mise; + ∞: 1825, 1987, 3113.
-īsat + -*īset, *conj.*: devise 3124 + lise.
-ĕhensam + 1) -ēsiam; 2) -essam; 3) -*īsam: 1) emprise 2782 + eglise; 2) sorprise 1903 + assise; 3) prise + bise 250, devise 2687; + ∞: 27.
-ĕhensa + -*īsat; -īsiam: esprise 1913 + brise; + Frise 562.

ises.

I. -*īsas + -essas: guises 624, 1323 + assises.
II. -ĕhensas + ∞: 483.

ist.

I. -isset + -īsit: avenist 526 + promist; + ∞: 1909, 3181.
-ēcit + -īsit: fist 3021, 3307 + s'entremist, rist.
II. -*essit + ∞: 551, 1589.

it.

I. -istum + 1) -ectum; 2) -*ītet, *conj.*; 3) -ibit; 4) -iptum: Antecrit, Jhesu Crit + 1) eslit 832; 2) + crit 2085; 3) + descrit 3417; 4) + escrit 25, 293, 1218, 1290, 2633, 8390, descrit 1056, 1813; -ectum + ∞: 233, 477, 2301, 2323.
II. -ictum + -īcit: contredit 1234 + dit; + ∞: 7.
III. -item, *n. s. f.* + -idem: vit 3273 + Davit.

ite.

-ectam + -ictam; -ītam: eslite 2225 + dite; + subite 544; + ∞: 3531; -ictam + ∞: 2678.

ites.

-iptas + -*ītas: ipocrites 1221 + descrites.

ive.

-ībat + -īvam: descrive 1419 + prerogative.

ivre.

-ībrum + -īberum: livre 3527 + delivre.

iz.

I. -ictos + -ictus; -iptus; -*ītos: mesdiz 841 + maudiz; diz 821 + descriz; + farsiz 2013; -*ītos + ∞: 1967.

-ectus + -ictus; -*ītius; -*ītus: piz + diz 2877; + despiz 650, 2828; esperiz 2712; + ∞: 1421.

-ītus + -iotos: serviz 3335 + diz; + ∞: 49, 253, 2351.

-istus + -iptos: Antecriz 1222 + descriz: + ∞: 2045.

I. óble, II. ôble.

I. -urbulum + -*uplam: trouble 65 + double.

II. -ŏpolem + -ōbilem: sinople 1267, 2073 + noble.

óbles.

-*uplos + -urbulus: doubles 113, 2475 + troubles.

ôbles.

-ōpolis + -ōbolis; -*oblios: sinoples 615 + nobles: + vignobles 374.

óche.

-*uccam + -*ollocam: bouche 1066, 2501, 3250 + couche; + ∞: 239.

-*ollocam + -ollocat: couche + couche 2408, descoche 2593.

ôche.

I. -audicat + -*occat: cloche 734 + loche.

II. -*occam + ∞: roche 3321 + broche.

ócle.

-*uoculam + -unculam: boucle 1271 + escharboucle.

ódre.

-ulgurem + ulverem: foudre 2473 + poudre.

ófre.

-ulphurem + -*olporem: soufre 475 + goufre.

oi (ai, ei).

I. -*ēdum + -ē; -ēgem: desroi 785 + soi; + roi 42, conroi 1257; + ∞: 225, 763, 2095.

-ē + -abui; -ajum; -*apui: moi 468 + oi; + moi 94 soi 222.

II. -ēdo + ∞: croi 3523.

III. -*īcatum + -avi, pr 1. s.: tornoi 527 + tornai.

IV. -ŏteo + -aucum: poi 504 + poi.

V. ?: sb. obl. s. + -agium: gu rsoi 424, 2237 + essai.

oie (aie).

I. -iam + 1) -audium; 2) -ēbam, 3) -ēbam, cond.; 4) -ētam; 5) -id[voie + 1) Monjoie 1232; 2) avoie 3) iroie 59; 4) soie 2407; 5) voie 1 porvoie 3477; -audium + ∞: 3 3191, 3309, 3485.

-ētam + -*iam: soie 1321.

II. -icat + -agam: emploie 2624 plaie; + ∞: 2467.

III. -aedam + -*aït: proie 2741 + envoie.

oient.

I. ēbant + ∞: 3537.

II. -*ēbant + ∞: portoient 1357 + estoient, 3489.

oigne.

-ōniam + -onge-am: Boloigne 32, Cologne 2181 + aloigne.

oil, s. uel.

oine.
-ōniam + ∞: Lydoine 1999 + Macedoine.

oing.
-onge, adv. + -ugnum: loing 2413 + poing.

oins.
-*unctos + -ugnos: poins 1123, 2209 + poins.

oint.
-unctum + -ungit: point 5, 2554 + point; + ∞: 2625, 2785, 3011, 3043, 3397.

ointe.
-*ognitat + -*ognita; -*ognitam; -*ognitum: s'acointe 664 + cointe; 2842; 877, 1769; -*ognitam + ∞: 691.
-uncta + -*ognita: jointe 990 + cointe.

ointes.
-*ognitos + -*ognitas; -*ognitus: acointes 665 + cointes; 1052, 1802; -*ognitus + ∞: 931.

oir.
I. -*ōrum + ∞: desespoir 2699 + espoir.
-ēre, inf. + ∞: 151, 1213, 1669, 2039, 3187, 3219.

oire.
-riam + -ēra; -oria: gloire 3315 + voire; victoire 1366 + istoire; + ∞: 199, 1445, 1711, 2765.

ois (ais).
-ensem + -*ipsum: hernois 285, turcois 2547 + demanois; + ∞: 219.

II. -*ĕdos + -ig[i]dus: palefrois 509, 3501 + effrois.
III. -ēges + -aīcos: lais 1937 + lais.
IV. -ex + -adius: rois 1399 + rois.
V. -īcem + ? sb. n. s.: fois 1075 + guersois.

oise.
-ensam + -ensem: n. s. f.: toise 3186 + cortoise.

oisse.
-ustiam + -*ictiat; -ustiat: angoisse 2481, 2926 + froisse; + angoisse 446, 2916.
-*ictiat + ? prs. 3. s.: froisse 2928 + esloisse.

oit.
-ectum + -*ēbat; - cond.: droit 1793 + estoit; 2433, 2599; + ∞: 726, 1071; - cond. + ∞: 2477; -*ebat + ∞: estoit 2675 + estoit.
-ēbat + -*ēbat: avoit 593 + portoit; + ∞: 85, 129, 169, 205, 329, 1401.

oite.
-ecta + -icta: droite 3479 + estroite.

oiz.
-*ictos + ∞: estroiz 3421 + destroiz.

ōl.
I. -*olum + -illum: orīol 1441 + chevol.
II. -ollum + -ollem: col 1155 + fol.

ōle.
I. -abŏlam + -*alam: parole 2710 + fīole.
II. -*olat + -*olam: citole 2870 + chenole.

ōme (omme).
-ummam + -ōmĭnat; -ōmĭnem: parsome 3127 + nomme; + home 471.

ómpe.

-ompan + -*ūbam : pompe 607 + trompe.

on.

-*umus + -onem : poon 1906, feson 2743, façon 3154 + paon, reson, façon.

-onem + -omen ; -on, *neg.* ; -*oni ; -onum : +non 1043 ; + non 565, 1502, 1607, 2519 ; + penon 1740, oiseillon 3291 ; + don 1618 ; + ∞ : 289, 807, 745, 797, 811, 817, 849, 867, 979, 1035, 1049, 1057, 1063, 1361, 1413, 1423, 1563, 1573, 1629, 1761, 1979, 2009, 2027, 2103, 2189, 2513, 2527, 2561, 2565, 2641, 2651, 2657, 2661, 2669, 2691, 2735, 2747, 2813, 2821, 2893, 2943, 2971, 3031, 3035, 3053, 3061, 3069, 8077, 3099, 3149, 3165, 3409, 3503, 3509 ; -on + ∞ : 2557 ; -on + -omen : 273, 351, 625, 879, 1059, 1757, 1767, 2395, 2719.

-omina, *n. pl.* + -on : H non 2637.

onde (s. ont).

-undum + -undam ; -undo : monde + reonde 140, 1145, 1977, 2339, 3282 ; + aronde 881.

-undam + -undat, *conj.* : fonde 1139 + confonde.

one.

I. -*ōnat + -*ōnam : corone 1435, abandone 2904 + corone, none ; + ∞ : 3225.

II. -*ōdanum + -*ōnum : Rosne 331 + trosne.

III. -*unnat + -*unnam : entone 465 + tonne.

onent.

-*onant + ∞ : 2485.

ons.

-*ones + 1) -omen+s, *n. s.* ; 2) -*ominos ; 3) -ongus, *a.* ; 4) -onem+s, *n. s.* ; 5) -*ōnos : 1) gonfanons 1488 + nons ; 2) 1437, 2587 ; 3) oiseillons 207 + lons ; 4) + li eschançons 456 ; 5) dons 3830 ; + ∞ : 503, 1175, 2787, 2801 ; -onos + ∞ : 1645.

-*umus, *conj.* + -ones : acordons 1303 + cordons ; -*umus, *fut.* + ∞ : 303, 2419.

ont (cf. onde).

-undum + -ontem ; -unt : mont 3178, 3216, 3325, 3372, 3893 + amont ; + sont 159, parfont 3046.

-aciunt + -abent ; -ontem ; -undit : font + ont 485 ; front 2707 ; confont 1782.

onte.

-*onidam + -ontat ; -omputam ; -emputo, *1. s.* : honte + sormonte 825, 1021 ; conte 2529, 3817 ; conte 1047.

-omputam + -ōmĭtem ; -omputat ; -ontat ; conte 459 + conte ; 1847 ; sormonte 597 ; + ∞ : 2153.

ontre.

-*ontram + ∞ : 2203.

onz.

-undos + -ontes : parfonz 319 + pons.

ópe.

-*uppam + -*uppat : soupe 2533 + estoupe ; + ∞ : 2185, 2259, 3257.

ór.

-ōrem + 1) -ōram ; 2) -*ōri, *n. pl.* ; 3) -urnum ; 4) -*ōro, *1. s.* : valour 44 + alour ; 2) volor + plusor 1604, li or 1699 ; 3) oreatour + tour 210, atour 3233 ; 4) savor 1069, 1663 + assavor ; + ∞ : 237, 1717.

-urrem + -urnum; -*urmum: tour + atour 1474, entour 2963, 3453; estour 549; -urnum + ∞: 91, 2831.

ŏr.
-aurum + -*aurum; -ōram; -ornum: mor 604 + sor; or 2811 + lor; cor 2910.

ŏrce.
-*ortiam + -*ortiat; -orticem: force + s'esforce 364; escorce 2496.

ŏrde.
-ŏrdiam + -ordam; -ordat; -*orduam: misericorde 1300, concorde 2568 + corde; recorde 52, 1957, acorde 1311, s'acorde 3474; + Corde 1316; + ∞: 697, 709, 1279, 1961, 2123, 2133.
-ordia + -ordam: concorde 1308 + corde.

ŏrdent.
-ordunt + -ortant: destordent 2411 + desconfortent.

ŏre.
-ōram + -ōra: demore 1753 + more.

ŏrent.
-ŏtuerunt + -abuerunt: porent 1247 + orent.

ŏrge.
-urgĭtem + -abrĭcam: Coupe-gorge 944 + forge; + ∞: 2177.

ŏrme.
-ormam + -ormat: forme 2461 + forme.

ŏrne.
-*urnat ∞: 2169.

ŏrnent.
-*urnant + ∞: 389.

ŏrre.
-c]urrere + ∞: 2961.

ŏrs.
I. -ōres + -*ursos; -ursum: amors + cours 846; + secours 2654.
II. -urnos + ∞: jors 9119.
III. -*urgus + -*ūros: li bours 612 + tabours.

ŏrs.
-ŏris, adv. + -*aurus; -orpus; -orsum: dehors 371 + li ors; hors 2524 + cors; mors 3270.

ŏrt.
-*urtem + -urrit: cort, acort 757, 801, 3155, 3405; + ∞: 3301.

ŏrt.
I. -*ortum + -ortui: deport 2026 + mort; + ∞: 728.
II. -ortem + ∞: 3271.
III. -ordet, subj. + ∞: -*ordum: acort 1309.

ŏrte.
-ortat + -*orta; -ortam; -ortua: porte 758 + torte; 341, 729, 1215, 1731, 3243, 3375; morte 2435.

ŏrz.
-ortis + -ortes: fors 2616, 3253 + effors, conforz 345 + fors; + ∞: 2136.

ŏs.
I. -*olaphos + -ollos: cous 1253, 2488 + cous.
-ollis + -ăgos; -*olaphus: fous 132 + fous; + cous 2752.
II. -ulcem + -*uccullos: dous 1771 + genous.
III. -*orsum + ∞: retrous 2321 + estrous.

ŏse.
-ŏsat + -ŏsam: repose 1725 + rose.

ŏses.
-ausas + -ŏsas: choses 3191 + roses.

óstent.
-*uxtant + ∞: 2825.

óstre.
-onstrum + -onstrat: moustre 3348 + moustre.

ót.
-ŏtum + -uptum: tout 175 + derout.

ȯt.
1) -abat, *impf.* + -abuit; -*ottum; -*uttum: s'umeliot 1031, enseignot 1916, vielot 2121, menot 2148, enviot 2225, donot 2991 + ot; chancelot 2934 + angelot; amot 3004 + mot; + ∞: 563, 903, 1395, 1641.
-abuit + -*ottum; -*uttum: ot + rĭot 413, 3176, Lot 934, Lancelot 2343, gavelot 2723, angelot 3241; + mot 228, 314, 1882, 2463, 3043; -*ottum + ∞: 1991.
-acuit + -*ottum; -uvit: plot + complot 1170, plot 173.
2) -audit + -ŏtum: reclot 2535 + escot; -ŏtum + ∞: 1077.

óte.
-ōtam + -*ubitam; -ubitat; -*uptam; -uptat: toute + doute 2683, 2762; 1456; + route 1352; desroute 1116.
-*ubitam + -ōta; -*uptam: doute + toute 3117; route 586.
-*uptat + -*utta: desroute 2291 + gloute; -*utta + ∞: 2693.

ŏte.
-uctam? + -*ottam: flote + complote 960, pelote 2366, 2499, 2862.

ótes.
-uptas + -ŏtas: deroutes 144 + totes.

ŏx.
-*ottos + -*ottus: angelos 1286, 1539 + gaveloz.

u.
-*ūtum, *p. prt.* + -*ūti: perdu 2415, ramu 2409 + esperdu, mu; + ∞: 167, 893, 923, 1163, 2107, 2119, 2439, 2537, 2945, 3293; -*uti + ∞: 189.

ūe.
-*ūtam+-*uat; -ūbem;-*ūgam;-ūta: + hue 1154, rue 2850; + nue 1340; + rue 335, 359; 187, 2449, 2471, 2559, 3105; + ∞: 217, 257, 421, 461, 919, 1041, 1391, 2127, 2275, 2295, 2403, 2571, 2865.
-*ūta + -*uat; -ubem; -ūdam: + argue 448; + nue 1429; + nue 1111, 1562; + ∞: 3343.
-*uat + -*uam; -ūgam: hue 2303 + hue; rue 3138 + rue.

uel.
-ŏleo + -ŏculi; -*uoli: veil + oil 2717, orgeil 653.
-ugilum + -*uoli: broil 636 + orgoil.

uens.
-ŏnus + -uum+s: buens 1815 + suens (A = sons: bons).

uer.
-ŏr + -*ŏrum; -ŏror: cuer + fuer 1756; + suer 963.

uerre.
-*uotar + ? *n. pr.*: fuerre 1093 + Aucuerre; + ∞: 953.

ūes.
-*ūtas + -ūbes: + nues 1851, 2665, 3507; + ∞: 929.

-ūbes + -ūdas: nues 2387, 2483, 2491 + nues.

uet.
-ŏtest + ? *3.p.s.*: puet 1737 + estuet.

ueve.
-ŏbat + ∞: 2789.

uevre.
-ŏperam + -ŏpĕrit: oevre 1.

uge.
-ūvium + -ūdicem: deluge 1581 + juge.

uie.
I. -ŭgam + ŭgat: fuie 1193, 2555 + s'enfuie; + ? *sb. obl. s.*: bruie 2456.
II. -*ucca + -*uccat: suie 3033 + essuie.

uis.
-ŭteus + -*ŏteo: puis 2393 + puis.

uit.
-octem+1)-*ĕquit;2)-octum;3)-ŏgito; 4) -*oxiat, *conj. 3. s.*; 5) -ucit; 6) -ucti; 7) -uctum; 8) -*ugitum: nuit + 1) suit 2164; 2) recuit 950; 3) cuit 162; 4) anuit 310; 5) conduit 3414; 6) deduit 492; 7) deduit 2019; 8) bruit 921.
-uctum + -ucit: deduit 487; + ∞: 3511.
-ugitum + -ŏgito: bruit 762 + cuit.

ume.
-ūdinem + -ūmĭnat: englume 2949 + alume.

ur.
-ūri + -*ūrem: assĕur 1792 + azur.

ure.
-ūram + -ūra: 95, 177, 779; + ∞: 73, 415, 457, 905, 1001, 1045, 1087, 2627, 3303.

urent.
-uerunt + -ĕtĕrunt: furent 481 + esturent.

ures.
-ūras + ∞: 599, 683, 2121.

us.
-*ūsum + 1) -ullus; 2) -us:sus + 1) nus 3378; 2) sanctus 3506; -us + ∞: 577, 1911.

ust.
-uisset + -ustem: fust + fust 679, 925, 1743, 1835, 2181, 2315, 3093; + ∞: 157, 183, 3399.

ute.
-*atuam + -*atuat: flĕute 693 + flĕute.

uz.
-*ūtus + -*ōtus; -ūtes; -*ūtos: escuz + esmĕuz 613; escuz 1377, 1946, esmoluz 1833 + saluz; crĕuz 3341 + eslĕuz; + ∞: 591, 2241.
-*ūtos + -*uti+s, *n. pl.*: abatuz 3427 + embatuz.

Flexion.

1) Nominalflexion.

a. Die Feminina der *a*-Declination haben im Plural für beide Casus das flexivische *s*.

Die consonantisch auslautenden Feminina haben im n. s. kein secudäres *s*. An allen Stellen, wo die Hss. ein solches *s* aufzeigen, bietet die Beseitigung desselben keine Schwierigkeiten. Auch das etymologische *s* ist im n. s. abgefallen, vgl. *vit* (n. s.): *Davit* (obl. s.) 3273.

b. Masculina. Eigennamen haben im n. s. häufig kein flexivisches *s*, z. B. *part* (obl. s.): *Durendart* (n. s.) 952, *Lancelot* (n. s.): *Lot* (obl. s.). Hinsichtlich des secundären *s* des n. s. schwankt der Gebrauch des Dichters; vgl. *avoltire* 1041, *gambison* (n. s.): *reson* (n. s.) 980, *descripcion* (n. s.): *cion* (n. s.); dagegen *chançons* (obl. pl.): *eschançons* (n. s.) 456, *fevres* 946, *nons* (n. s.): *gonfanons* (obl. pl.) 1487; hinsichtlich der Worte mit beweglichem Accent lehren die Reime nichts. Ich habe nicht gewagt, das secundäre *s* des n. s., wo es etwa auftritt, zu streichen.

Im obl. s. ist, allerdings gegen alle Hss., Vers 1717 ein unorganisches *s* in *amour* getilgt worden. Vers 845 und 2653 kann *amours* als obl. pl. aufgefasst werden.

Der n. pl. ist immer ohne *s*, der obl. pl. immer mit *s*.

c. Die Adjectiva dreier Endungen verhalten sich analog zu den Substantiven. Die Adj. zweier Endungen haben im fem. noch nicht das tonlose *ę*; nur vereinzelte Übertritte zu den Adj. dreier Endungen kommen vor, vgl. *douce* und *fole*; *tel* steht im Allgemeinen noch auf der ursprünglichen Stufe; nur 1424 haben die Hss. *tele descripcion;* paläographisch und auch dem Sinne nach liegt es sehr nahe, hier an eine Verwechselung mit *cele* zu denken; ähnlich könnte man 3106 *itel* für *tele* und 102 *icele* für *itele* einsetzen. Das Fem. entbehrt im n. s. durchweg des etymologischen *s*, vgl. *metable, trouble, vil, soumeillant* etc.

Formen wie *prest* 7, *grief* 2051 sind neutrale Bildungen.

d. Die part. perf. flectiren wie die Adj. dreier Endungen; 3429 *ou sont embatus* liegt es nahe, an ein angelehntes pron. refl. *se* zu denken und zu lesen *ous sont embatus*; Vers 3497 ist schon wegen des n. pl. m. *cointes* offenbar verderbt: auch hier liegt es paläographisch sehr nahe, an eine Corruption aus *Quis font cointes et envoisiez* zu denken.

Über die Congruenz der part. perf. ist Folgendes zu bemerken:

Die mit *avoir* componirten part. perf. der transitiven Verben congruiren immer mit dem Objecte, wenn dasselbe dem part. perf. voraufgeht; folgt das Object, so kann auch Congruenz eintreten, z. B. *Qui (li soleuz) avoit feite sa jornée* 77, *Qu'a poi n'a vidiée la tonne* 466, *Avoit fete cote a armer* 1321, *Li colombiaus ot estendues — Ses eles* 1852, *au torner des chevax ont tretes — Les grans espées* 2130, *.I. hirauz — a escriée vilanie* 2298, *Car rendue m'a la parole et mon sens* 2710, *Mes cointise a cel encontre a — Accointiée cruel acointe* 2841, *Qui (Antecriz) ot fianciée prison* 3409, *Avoit mentie sa fiance* 3411, oder auf das logische Object bezogen: *N'a pas encor bien avisez — Des escuceaus une moitié* 1948, oder *Antecriz ot amassez — tant de gent* 2038.

Die mit *estre* componirten part. perf. congruiren immer mit dem Subject; 1960 *Ensi armé ensi rengié — Erent pes et misericorde* ist durch das Nachfolgen der beiden fem. zu erklären.

Über das Verhalten der part. perf. bei den reflexiven Verben fehlt es an beweisenden Belegen; 492 *quant se sont deduit — Li chevalier* congruirt das part. mit dem Subjecte, obwohl dasselbe nachgestellt ist.

2) Verbalflexion.

Die Verbalflexion bietet wenig Bemerkenswerthes dar.

Die 1. pers. sing. des praes. ind. ist noch ohne Stützvocal, vgl. *quit* 84, *veil* 654, *quier* 1038, *pas* 1043, *ment* 1054, *assavor* 1070, 1664, *devis* 1407, *lo—je* 2802; ohne *s*: *di* 3168.

In der 1. pers. pl. ist das auslautende *s* im Verstummen begriffen; vgl. Rim. unter *on* und *ons*.

Die 3. pers. sing. des conj. pr. hat in der *a*-Conj. noch kein *e*; vgl. *ament* 182, *demant* 620, *acort* 1310, *present* 1660, *crit* 2085.

Im Futur fehlt der Ableitungsvocal in *merra* 3522, *merron* 311.

Sprachliche Eigentümlichkeiten.

1) Es reimen nicht zusammen:

a. a_n und e_n; vgl. *anc, ance, andre, ange, ans, ant, ante.*
Über *jame* vgl. Michel's »Chronique des ducs de Normandie«:
fame: ame p. 528 neben *gemme: fame* p. 526, also auch *gemme: ame* (Koschwitz St. II, 39). Über die Participialbildungen auf *ence*, sowie über *tans* und *talent* vgl. Paul Meyer: »An et En Toniques« in den »Mémoires de la Société de Linguistique de Paris«, tome I, p. 273 ff., auch A. Rambeau: »Über die als echt nachweisb. Asson. des Oxf. Textes der Ch. de Rol.« p. 43 ff., 51 ff., 65 und 66. Ein wirklicher Verstoss liegt vor in der Bindung *cointement: rampant.*

b. a + compl. $l = au$ und e + compl. $l = iau$; nur einmal reimt *chevaus* mit *couteaus* 771.

c. *eus* und *és*, wie im Artesischen; vgl. Tobler: »Li Dis etc.«, p. XXIX.

d. *é* und *è*; *él* (al(i)ud) ist zu *èl* fortgeschritten.

e. *ó* und *ò*; *lor* (illam horam) schwankt zwischen beiden Reihen, vgl. *valour: alour* 44 und *or* (aurum): *lor* 2811.

f. *ié* und *é* (Bartsch'sches Gesetz); nur einmal reimt *coucherent: vielerent* 493, doch ist diese Stelle vielleicht verderbt.

g. *iée* und *ie*; ein Schwanken zeigt nur *maisniée*, welches zweimal auch mit *ie* gebunden ist; vgl. *maisnie: cortoisie* und *: ypocrysie.*

h. die Gruppen ALS und OLS, im Gegensatz zum Artesischen.

i. z^o und s^o, ausser nach den Liquiden *n* und *r*; Mischung ist eingetreten in *haus: enviaus* 2215; vielleicht auch in den Bindungen *maz: talevaz* und *: marcas, prez: tres, confes: fes.*

2) Es reimen durcheinander:

a. $ai = è$; vgl. *ès, èsne, èsse, èstre, ète.*

b. $ai_n = ei_n$; vgl. *eigne, ein, eine, eines, eint.*

c. Ursprüngliches *oi* mit secundärem (= urspr. *ei* aus lat. *ē, ĭ*); vgl. *voie: Monjoie, gloire: voire, angoisse: froisse* etc.

d. Secundäres *oi* (lat. *ē, ĭ*) mit $ai = è$ und mit *è*; vgl. *novelles: esteiles, tornoi: tornai* (1. pers. s. perf.), *emploie: plaie, lois* (leges): *lais* (laïcos, *rois* (rex): *rais* (radius), vielleicht auch *soi* (pron.): *soi* (verb.), wenn *soi* als 1. pers. sing. praes. aufgefasst wird. Solche Bindungen treten am frühesten im Norden auf (vgl. Ulbrich in Gröbers Z. III, 389). Auch im »Judenknaben« von Suchier p. 104 findet sich *soi*; *essoi* (= *essai*); weitere Belege s. in »Maître Elie's Übertragung der Ars armatoria« von H. Kühne und E. Stengel p. 69, Anm. 8.

3) *ĕyo* ist sowohl *je (privilege: et je)*, als auch *gié (mangié: gié, negié: gié)*.

4) In wie weit *ó* schon zu *eu* fortgeschritten ist, kann aus den Reimen nicht genau festgestellt werden; doch scheint bei folgendem *s* dieser Übergang schon eingetreten zu sein, wenigstens lässt sich aus den Reimen nicht das Gegenteil erweisen. Wohl aber lässt sich aus den Reimen erkennen, dass vor *r* noch *ó* vorliegt; vgl. *valor: lor* (adv.), *creatour: tour* etc.

5) Wie weit lat. *ŏ* zu *ue* diphthongirt ist, lehren die Reime nicht.

6) *Capillum* giebt *chevòl*.

7) Über Bindungen wie *biaus: celestïaus, maëstire: reluire, viegnent: pregnent* vgl. Tobler: »Vom frz. Versbau« p. 103. Wohl nur in der Orthographie verschieden ist der Reim *sieve: treve*.

8) *°s°* ist verstummt in der Endung *-istum*.

9) Romanisch auslautendes *n* nach *r* ist verstummt; vgl. *èr, òr*.

10) Auch das *s°* in der 1. pers. pl. ist für den Dichter im Verstummen begriffen; während es dreimal im Reime ohne *s* gesichert ist, steht dem gegenüber ein Fall mit gesichertem *s*; vgl. *on* und *ons*.

11) In *cendel* ist Suffixvertauschung eingetreten; *cendé* reimt mit *é*.

12) Die 3. pers. impf. der *a*-Conj. lautet auf *ot*; Mischung mit dem impf. der *e*-Conj. findet sich jedoch einmal Vers 593 in dem Reime *avoit: portoit*; bemerkenswert ist auch die Bindung des Verbum *estoit* mit dem Hülfsverbum *estoit*.

Lebenslauf.

Georg Karl Konrad Wimmer wurde als der Sohn des Gastwirts Karl Wimmer zu Hemmendorf, Landdrostei Hannover, am 27. Januar 1858 geboren. Nachdem ich bis zu meiner Confirmation Ostern 1872 die lutherische Bürgerschule zu Bückeburg besucht hatte, widmete ich mich ausschliesslich dem Studium der Musik. Da mir jedoch die einseitige Beschäftigung mit derselben auf die Dauer nicht genügte, so trat ich in meinem 17. Lebensjahre in die Untertertia des Gymnasium Adolfinum zu Bückeburg ein und absolvirte dort Ostern 1881 das Abiturienten-Examen. Darauf wandte ich mich an der hiesigen Universität dem Studium der neueren Sprachen zu. Um mich auch in der Kunst der praktischen Handhabung der fremden Sprachen zu vervollkommen, ging ich darauf im September 1882 nach England und blieb dort bis Weihnachten 1884, indem ich als Lehrer an einem hervorragenden Institut thätig war. Nach Marburg zurückgekehrt, nahm ich dann meine unterbrochenen Studien wieder auf und absolvirte im März dieses Jahres das Examen rigorosum.

Meine Lehrer an der hiesigen Universität waren die Herren Professoren Drr. Stengel, Vietor, Lucae, Koch, Birt, Justi, Bergmann Cohen und der Privatdocent Herr Dr. Stosch. Ihnen allen fühle ich mich zum innigsten Danke verpflichtet, besonders aber dem Herrn Prof. Dr. Stengel, der mich während meiner Studien in der liebevollsten Weise durch Rat und That unterstützt hat.